Le Guide Essentiel De La Nutrition Des Halterophiles:

Maximiser Votre Potentiel

Joseph Correa

Diététicien Certifié Des Sportifs

DROITS D'AUTEUR

© 2016 FInibi Inc

Tous droits réservés

La reproduction ou la traduction d'une partie de ce travail au-delà de ce qui est permis par l'article 107 ou 108 de la Loi sur le droit d'auteur aux États-Unis sans la permission du propriétaire du droit d'auteur 1976 est illégale.

Cette publication est conçue pour fournir des informations exactes et fiables en ce qui concerne la matière couverte.

Elle est vendue avec la compréhension que ni l'auteur ni l'éditeur ne sont engagés dans l'apport de conseils médicaux. Si des conseils ou une assistance médicale deviennent nécessairs, consulter un médecin. Ce livre est considéré comme un guide et ne doit pas être utilisé en aucune façon pour nuire à votre santé. Consultez un médecin avant de commencer ce plan nutritionnel pour vous assurer qu'il s'adapte à vos besoins.

REMERCIEMENTS

La réalisation et le succès de ce livre n'auraient pas pu être possibles sans la motivation et le soutien de ma famille.

Le Guide Essentiel De La Nutrition Des Halterophiles:

Maximiser Votre Potentiel

Joseph Correa

Diététicien Certifié Des Sportifs

SOMMAIRE

Droits d'Auteur

Remerciements

A propos de l'auteur

Pourquoi ce guide de la nutrition?

INTRODUCTION

Motivation par nécessité

CHAPITRE 1: Le Guide Essentiel De La Nutrition Des Halterophiles : Maximiser Votre Potentiel

CHAPITRE 2: Mangez, dormez, respirez, votre objectif pour un corps plus mince

Votre arme secrète RMR

CHAPITRE 3: Comment se mettre en forme 24 heures par jour

Accélérez votre métabolisme pour améliorer les performances

CHAPITRE 4: une meilleure performance grâce à des antioxydants

Changez votre style de vie nutritionnel maintenant pour obtenir des résultats à long terme et un temps plus rapide de récupération

CHAPITRE 5: Vous êtes ce que vous consommez

S'engager à améliorer votre esprit et votre corps

CHAPITRE 6: Le secret d'avoir les meilleurs Abdominaux pour toujours

Obtenez le look que vous voulez

A PROPOS DE L'AUTEUR

Etant nutritionniste certifié du sport et athlète professionnel, j'ai voyagé à travers le monde et j'ai confronté certaines personnes dans le monde. Être capable de partager ce que j'ai appris et d'y croire est important pour moi. Mes connaissances et mon expérience ont aidé mes élèves au cours des années. Plus vous en saurez sur le jeu, plus vous en ferez. Avoir du succés dans les exercices d'haltérophilie vous oblige à avoir une base solide cardiovasculaire pour protéger votre cœur à cause de toute les poussées, les étirements et la flexibilité que cela nécessite.

En haltérophilie vous avez besoin d'avoir la force, le pouvoir, la flexibilité, et la consistence pour obtenir des résultats. La Nutrition est un élément clé dans le processus des exercices d'amincissement et c'est là tout le sujet de ce livre.

POURQUOI CE GUIDE NUTRITIONNEL ?

En tant que nutritionniste du sport et athlète professionnel, j'ai étudié et documenté de nombreux livres sur la nutrition et les régimes alimentaires pour m'aider à atteindre mon potentiel en compétition, mais j'ai remarqué que la plupart des livres de recherches proposent des solutions grâce à des suppléments et des formules qui ne sont pas les sujets de ce livre. Si vous voulez une solution facile pour la nutrition à court terme, ce n'est pas le bon livre pour vous. Ce livre est destiné aux personnes qui veulent des résultats durables et efficaces de façon naturelle sans provoquer des effets secondaires ou des problèmes des années plus tard. Oui, vous pouvez prendre des suppléments et des substances améliorant la performance si vous le choisissez, mais ils n'ont pas été créés naturellement et par conséquent ne sont pas parfaits pour votre corps. Il existe des moyens naturels pour nourrir votre corps et obtenir d'excellents résultats sans déceptions futures et vous garantissent une bonne santé. Je veux la meilleure alimentation pour mon corps et vous devriez le vouloir aussi. Après avoir voyagé et trouvé mon environnement nutritionnel préféré dans un petit village en Amérique du Sud, j'ai décidé d'adopter leur régime alimentaire et de le modifier pour l'adapter à mes besoins athlétiques. C'est ce que vous trouverez dans ce livre.

Peu de livres de régime se concentrent sur une population réelle qui a utilisé ces méthodes nutritionnelles pendant des centaines d'années. Tous les athlètes doivent tirer parti de cette connaissance qui a eu un succès durable.

Pour un groupe de personnes qui vivent plus de cent ans encore dynamiques et athlétiques, comme les gens de Vilcabamba le sont, sans avoir des problèmes de santé graves, c'est une réalisation étonnante. C'est pourquoi une grande partie des recherches de ce livre a été basée sur leur point de vue de la nutrition. Les modes de vie fondés sur la consommation de portions d'aliments frais et modérés et l'exercice quotidien cohérent vous aideront à atteindre une meilleure qualité de vie pour les années à venir.

Les pages qui suivent vous aideront à réaliser à quel point il pourrait être facile de suivre ce guide nutritionnel et augmenter votre RMR. Combiné avec l'exercice régulier et quotidien pour construire plus de musculature, vous remarquerez les effets sur votre santé; résultant en une peau plus saine, un système digestif plus régulier, la prévention de plusieurs maladies telles que l'hypertension, le diabète, le cancer du côlon, et de nombreuses autres. En outre, il peut être possible de voir des améliorations dans les maladies déjà présentes, ce qui provoque une diminution de la posologie ou la quantité des médicaments actuels simplement en mangeant plus sainement et en faisant de l'exercice régulièrement.

Avouons-le; nous voulons tous vivre plus longtemps, mais nous voulons aussi continuer à être productifs pendant des années encore !

Par conséquent n'est-il pas logique d'assimiler ce que ce petit village situé dans une zone à faible teneur en oxygène, sans les soins de santé privés, sans l'environnement des fast food, a realisé depuis des centaines d'années avec des résultats exceptionnels? Bonne chance et prenez plaisir à changer votre vie pour le meilleur !

Ce livre et ses exercices sont la clé pour vous aider à atteindre vos objectifs. Joseph Correa est un nutritionniste du sport certifié et un athlète professionnel qui se consacre à l'amélioration de sa performance grâce à une meilleure nutrition et des exercices de formation de qualité. Grâce à sa connaissance profonde et à son expérience, il est convaincu de l'importance de la nutrition et de l'exercice.

Ce livre a été créé comme un parcours d'étape par étape et un guide facile à suivre pour se mettre en forme. Pour en tirer le meilleur parti, il suffit de suivre ces étapes simples:

D'abord, lisez chaque chapitre dans l'ordre donné. Ne sautez pas de chapitres car vous pourriez passer à côté de conseils importants qui peuvent maximiser les avantages pour votre santé.

Deuxièmement, écrivez vos objectifs quotidiens et mensuels du régime basé sur les lignes directrices données dans ce livre.

Relisez ce livre une fois que vous avez fini de le lire pour renforcer et mémoriser les sujets précieux que vous y trouverez.

Quatrièmement, PRENEZ CE LIVRE PARTOUT OU VOUS ALLEZ AFIN QUE VOUS L'AYEX A PORTEE DE MAIN LORSQUE VOUS TRAVAILLEZ OU COMME REFERENCE RAPIDE QUAND VOUS EN AUREZ BESOIN.

INTRODUCTION

Le Guide Essentiel De La Nutrition Des Haltérophiles vous apprendra comment augmenter votre RMR (taux métabolique au repos) pour accélérer votre métabolisme et vous aider à changer votre corps RADICALEMENT. Apprenez comment être en pleine forme et atteindre votre poids idéal grâce à une alimentation intelligente de sorte que vous pouvez être au mieux de vous-même. Manger des glucides complexes, des protéines et des graisses naturelles dans la bonne quantité et le bon pourcentage ainsi que l'augmentation de votre RMR vous fera devenir plus rapide, plus agile, et plus résistant.

Ce livre vous aidera à:

- Vous empêcher d'avoir des crampes.

-Vous blesser moins souvent.

-Récupérer plus rapidement après la compétition ou l'entraînement.

-Avoir plus d'énergie avant, pendant et après la compétition.

Une bonne nourriture et une amélioration de la façon dont vous nourrissez votre corps vous permettra également de réduire les blessures et être moins sujets à ce genre de problèmes dans l'avenir. Être trop gros ou trop mince sont deux raisons communes des blessures qui se produisent et sont la principale raison pour laquelle la plupart des athlètes ont du mal à atteindre leur plein rendement. Trois options de plan de nutrition sont expliquées en détail.

Vous pouvez choisir celle qui vous convient le mieux en fonction de votre condition physique générale. Un des premiers changements pour la plupart des gens qui commencent ce plan de nutrition est l'endurance. Ils deviennent moins fatigués et ont plus d'énergie. Tout athlète qui veut être dans la meilleure forme possible a besoin de lire ce livre et de commencer à faire des changements à long terme pour arriver a leur but. Peu importe où vous êtes en ce moment ou ce que vous faites, vous pouvez toujours vous améliorer.

Joseph Correa est un nutritionniste du sport certifié et un athlète professionnel.

MOTIVATION PAR NECESSITE

J'ai une théorie qui dit que la plupart des choses dans la vie sont importantes pour notre développement en tant qu'êtres humains; nous les faisons par nécessité, et non pas parce que nous le voulons (au moins pour la plupart d'entre nous). Par exemple, les homes et les femmes des cavernes n'avaient pas le choix; s'ils voulaient manger il fallait qu'ils aillent à la chasse et qu'ils cultivent des plantes pour se nourrir avec ce qui était disponible.

Nous ressentons le besoin d'être en bonne santé. Nous ressentons le besoin d'avoir bonne mine. Nous ressentons le besoin de vivre plus longtemps et en meilleure forme physique possible. Ce sont tous des besoins que nous ressentons, car c'est dans notre nature de le faire.

Avoir la motivation de faire un pas en avant chaque jour pour atteindre ces objectifs est ce qui compte vraiment. Se lever chaque jour et nous sentir heureux de vivre et content de vos accomplissements, sont les motivations du dragon en nous. J'aime à l'appeler le "dragon de motivation" parce que vous devez sentir le feu en votre intérieur qui à son tour vous conduira à démarrer et à continuer avec quelque chose de grand. Ce sera finalement changer votre vie pour toujours.

Un changement de mode de vie est important, mais un changement dans les habitudes est d'autant plus critique que c'est ce qui fait finalement la différence. <u>Les habitudes sont des actions inconscientes qui font naître des décisions conscientes.</u>

En d'autres termes, vous devez vous décider mentalement et puis commencer à prendre les mesures nécessaires pour arriver à votre but, afin que vous puissiez arriver à le faire inconsciemment tout le temps.

Rappelez-vous que VOUS POUVEZ et que VOUS ATTEINDREZ vos objectifs!

Il est de mon intention sincère de vous aider à obtenir la meilleure forme physique possible et vous amener à être satisfaits des résultats concrets.

Commençons par les bonnes choses!

AVERTISSEMENT: Consultez votre médecin avant de commencer ce plan de nutrition. Aussi, assurez-vous que l'information nutritionnelle et alimentaire dans ce livre est examinée par votre médecin avant de commencer ou de l'appliquer dans votre vie. Prenez ce livre quand vous allez voir votre médecin afin qu'il ou elle puisse confirmer que les exercices et l'alimentation vous conviennent.

CHAPITRE 1

Le Guide Essentiel de la Nutrition des Haltérophiles: Maximiser votre Potentiel

Les haltérophiles ont besoin de beaucoup d'énergie pour durer et leur permettre de rester vigilants pendant de longues périodes de temps sans se fatiguer. Ce plan de la nutrition vous aidera à atteindre ce but et vos objectifs en matière de nutrition afin que vous puissiez tirer le meilleur parti de votre corps. Ce guide de nutrition ressemble de près aux habitudes alimentaires de la population de Vilcabamba qui ont un record de longévité qui sert de point de départ idéal pour tout athlète qui veut atteindre des performances de pointe a long terme et être en mesure de les maintenir au fil des ans. Ils sont un grand exemple pour tous les athlètes en raison de leur focus sur les sources d'énergie organiques. Cela permettra à tous les athlètes de donner le meilleur d'eux-mêmes pour une plus longue période de temps, sans effets négatifs futurs sur le cerveau et sur le corps contrairement à certaines substances d'amélioration de performance, qui dépouillent le corps des éléments essentiels pour créer des processus naturels dans le corps et les modifient pour ne donner que des améliorations à court terme.

Tous les athlètes doivent consommer beaucoup de fruits, de légumes et de protéines dérivées des aliments (poulet, œufs, dinde, poisson, etc....). La consommation de glucides complexes devrait être réduite à un maximum de riz brun, de pâtes, de pain naturel, et d'ingrédients biologiques. Dans le village de Vilcabamba, ils boivent principalement de l'eau, des jus de fruits naturels, et du lait. Tout ce qu'ils mangent et boivent est composé de produits non-transformés, non conservés, sans préservatifs et ne contiennent que des aliments naturels. Même si certains sodas et la malbouffe sont vendus dans le village, elles ne sont pas proposées dans ce régime. En utilisant cette connaissance au sujet de leurs habitudes alimentaires et d'autres faits médicaux, nous avons créé un guide de nutrition qui vous aidera à vivre sainement et plus longtemps. Il vous permettra également de contrôler votre poids et votre corps au meilleur de leur forme.

Ceci n'est pas votre livre de régime typique où vous avez parlé d'une boisson magique qui vous fait perdre du poids ou des pilules qui vous font perdre 10 kilos en une semaine. Il ya aussi des régimes qui se concentrent sur le fait de ne manger pratiquement rien. Beaucoup de ces régimes ont un effet négatif à long terme sur votre corps et sur votre mental. <u>La vérité est qu'IL N'Y A PAS de formule magique</u>! La clé pour obtenir une meilleure forme est tout simplement de manger sainement et de faire de l'exercice.

Faire ces deux choses de la bonne façon est le propos et le but de ce livre.

Pourquoi nous concentrer d'abord sur la réponse à vos problèmes?

Sachant ce qui doit être fait ne garantit pas que vous saurez quelles mesures doivent être prises pour y arriver!

Pourquoi avons-nous un tel problème grave de l'obésité et de la malnutrition dans le monde et pourquoi est-il devenu ainsi également avec les jeunes ?

Il y a toujours quelque chose dans la vie que vous négligerez et que vous regretterez plus tard. Ceci est particulièrement vrai dans le domaine de la santé. Habituellement, les problèmes physiques commencent depuis l'enfance et plus tard deviennent très difficiles à gérer et c'est pourquoi nous devons les empêcher de commencer avec nos jeunes.

APPRENDRE QUELQUES PERSPECTIVES

J'essaie de penser à la vie en termes très simples. Si vous laissez de côté toutes les avancées technologiques qui encombrent notre vie et mettez l'accent sur un mode de vie plus simple, vous vous trouverez dans un environnement très différent. Qu'est-ce que je veux dire par là? _Eh bien, supposons que nous n'avons pas la télévision, l'internet et les téléphones cellulaires. Supposons qu'il n'y a pas de voitures, d'avions ou d'escaliers mécaniques. Des hot dogs, des hamburgers, des boissons gazeuses et la malbouffe (ce ne sont pas des avancées technologiques, mais nous allons les inclure quand même)._

S'il vous plaît ne vous évanouissez pas ! Je sais que la plupart d'entre nous ne peuvent pas vivre sans beaucoup de ces éléments, mais nous essayons simplement de mettre les choses en perspective. Que vous reste-t-il en termes de nourriture?

Nous aurons encore des fruits et légumes qui proviennent de plantes et d'arbres. Nous avons encore de la viande sous forme de poulet, de bœuf, de poisson et de porc.

Mais devinez... Nous devrons aller à la pêche pour les poissons ou à la chasse pour d'autres animaux que nous voulons manger et cela consistera à faire de l'exercice physique. Nous devrons marcher, grimper, et nous étirer pour ramasser les mangues ou les pommes hors de portée dans les arbres. Tout cela exige que nous marchions, courions, ou brûlions autrement plus de calories.

Maintenant, une fois que nous avons recueilli ou récolté notre nourriture, nous devons la préparer. Avons-nous un micro-onde ou un four pour cuire les aliments? Non, mais nous pouvons avoir une casserole ou un pot avec la chaleur du feu. Vous pouvez également profiter du soleil pendant la chasse et la cueillette des fruits. Savez-vous à quel point un peu de soleil peut être salutaire pour votre santé? Prenons un exemple.

Dans les eaux tropicales, dans certaines parties du monde, les dauphins roses existent. Aussi étrange que cela puisse paraître, il ya une explication très logique. Ces dauphins vivent dans des zones de forte densité de végétation tropicale, où très peu de soleil passe au travers de l'eau.

En raison de cette lacune de la lumière du soleil, leur peau est devenue presque transparente et c'est ce qui donne à ces dauphins un aspect rosâtre. Vous devez le voir pour le croire, mais le fait est que vous avez besoin d'un peu de soleil aussi, donc essayez d'obtenir un peu de soleil de temps en temps. N'en faites pas trop! Juste un peu de soleil est suffisant.

Je sais que c'est une façon inhabituelle de penser, mais au moins maintenant nous savons comment rendre notre vie quotidienne plus simple, tout en devenant plus saine.

Je ne dis pas que vous devez vivre comme ça, mais, vous devriez essayer d'appliquer certaines de ces idées de base qui ont été oubliés en raison de changements dans notre société et des progrès technologiques. Vous pouvez décider de marcher à l'épicerie pour acheter de la nourriture et bénéficier d'un entraînement en le faisant. Vous pouvez décider de vous garer un peu plus loin du travail de sorte que vous ayez à faire un peu de marche supplémentaire. Lorsque vous êtes dans le parc avec vos enfants, faites du jogging avec eux ou allez à la piscine le week-end en famille. Au lieu de préparer des aliments ou de manger des aliments préparés avec beaucoup d'huile ou de beurre, essayez de les faire bouillir, en utilisant le four ou la cuisson vapeur.

Faites de votre mieux pour vous assurer que la majorité de ce que vous consmmez a une valeur nutritionnelle forte et est aussi frais que possible. Cela vous aidera à rester en bonne santé et en forme, pour les années à venir.

Ce livre est divisé en trois modes de vie des Haltérophiles :

Mode de Vie de l'Athlète Cardio Bas (LCLA):

Cette phase alimentaire est pour les athlètes qui ont besoin de moins de nourriture contenant des glucides complexes (il s'agit notamment, mais non limité à: des pâtes, du riz brun, des flocons d'avoine, des haricots bruns, des lentilles, etc...) Ces personnes n'ont pas besoin de stocker beaucoup de réserves d'énergie et donc devraient avoir un pourcentage plus élevé d'aliments contenant des protéines, des légumineuses, des légumes, des fruits et autres laiteries.

LCLA est pour les athlètes qui ne font pas plus de 30 minutes de cardio par jour dans le cadre de leur formation et également pendant la compétition. Vous pouvez faire preuve de souplesse lors de la compétition vu que les conditions et les changements environnementaux pourraient changer la façon dont vous pouvez absorber la nourriture. Ce pourrait être a cause du pays ou vous êtes en compétition, ou vous pourriez vous sentir nauséeux avant la compétition, ou cela peut aussi être à cause de la nourriture disponible dans ce territoire.

Après le premier mois de l'achèvement de cette phase de l'alimentation, et après l'avoir accompli en combinaison avec votre plan d'entraînement physique régulier, vous pouvez décider de continuer ou d'adapter le régime à vos besoins au cas où vous sentez que vous avez besoin d'ajouter plus de protéines ou de glucides ou de produits laitiers.

Guide de Vie de l'athlète Cardio Moyen (MCLA) :

Cette phase alimentaire est pour les athlètes qui ont besoin d'un certain pourcentage d'aliments contenant des glucides complexes (il s'agit notamment, mais non limité à : des pâtes, du riz brun, des flocons d'avoine, des haricots bruns, des lentilles, etc...) afin de maintenir un mode de vie de cardio-intensif moyen, tandis qu'en consommant en même temps un pourcentage plus élevé d'aliments contenant des protéines, des produits laitiers, des légumineuses et des fruits.

MCLA est pour les athlètes qui s'entraînent a un minimum de 30 minutes d'exercices cardiovasculaires dans le cadre de leur formation physique quotidienne, ce qui peut inclure (si vous y êtes entraînés): la natation, la marche, la course, le vélo, le saut, l'aviron ou la pratique de sports qui combinent toutes les activités susmentionnées.

Guide de Vie de l'athlète Cardio Supérieur (Haut) (HCLA) :

Cette phase alimentaire est pour les athlètes qui ont besoin d'un plus grand pourcentage d'aliments contenant des glucides complexes pour maintenir leur mode de vie cardio-intensif haut d'une manière saine et équilibrée, tout en conservant un pourcentage élevé des aliments contenant des protéines, des légumineuses, des légumes, des fruits et des noix.

HCLA est pour les personnes qui s'entraînent pendant plus d'une heure en exercices cardiovasculaires quotidiens. Au moins une heure de grande intensité cardio comprend (si vous y êtes entraînés): la course, la natation, l'aviron, le saut, ou le vélo. Ceci est particulièrement important pour les athlètes qui font beaucoup d'exercices cardio-vasculaire car ils nécessitent plus de glucides pour rester en bonne forme physique et pour permettre à leur corps de récupérer.

La pyramide de l'USDA Food guide contient les groupes de nourritures suivants :

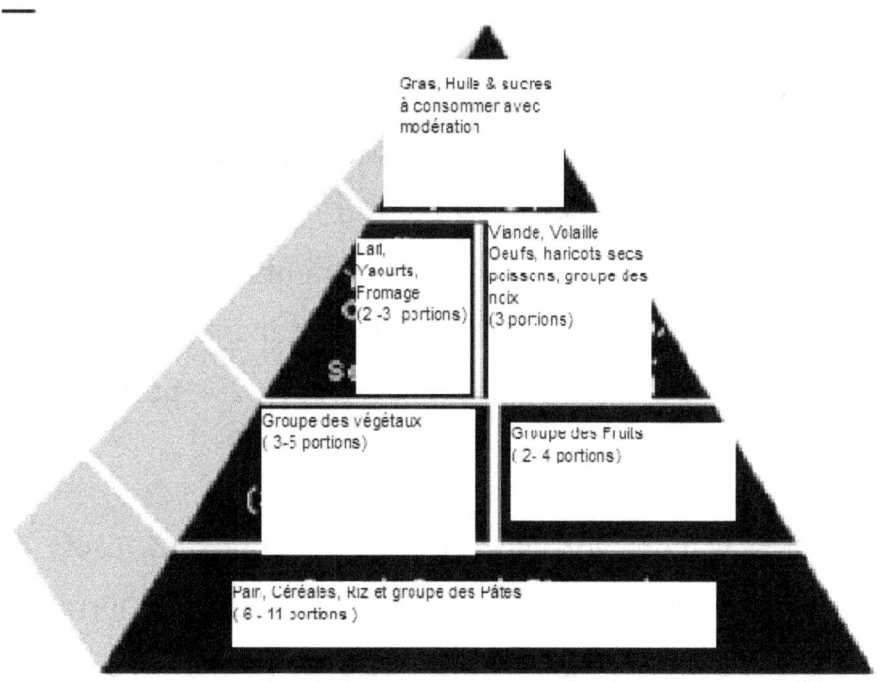

a) Groupe Pain, céréales, riz, pâtes (6 à 11 portions): Ce groupe comprend les aliments lourds glucides et est placé au bas de la pyramide qui indique qu'ils doivent être consommés le plus souvent et devraient constituer une partie importante de l'alimentation quotidienne. La raison pour consommer plus de glucides est qu'ils fournissent de l'énergie, faisant qu'une personne consommera moins de graisse.

Il est recommandé qu'une personne devrait avoir 6-11 portions de ce groupe.

b) Légumes (3-5 portions) et fruits (2-4 portions): Il ne fait aucun doute que les fruits et les légumes sont bons pour le corps. Les fruits et légumes fournissent à l'organisme les vitamines et autres nutriments essentiels et préviennent les maladies et les infections. Une personne doit avoir 3-5 portions de légumes et 2-4 portions de fruits par jour.

c) la viande, volaille, poisson, haricots secs, œufs et fruits à coque (2-3 portions): Ce groupe fournit à l'organisme des protéines. Les protéines aident à construire les tissus du corps et les muscles. Une personne doit manger 2-3 portions de ce groupe par jour.

d) Le lait, le yaourt et le Groupe de fromage (2-3 portions): Ce groupe fournit des protéines et de calcium qui rendent les os solides et préviennent les problèmes de santé liés à la dégénérescence de la masse osseuse. Une personne doit manger 2-3 portions de ce groupe par jour.

e) les graisses, huiles et sucreries (manger avec modération): Ce groupe doit être consommé avec modération. Le gras s'accumule sur le cœur et conduit à l'obésité. Trop de sucre conduit également à l'obésité qui peut ensuite créer des problèmes de santé pour l'avenir.

La pyramide alimentaire est un excellent moyen de s'assurer que les besoins nutritionnels de l'organisme sont remplis correctement. En suivant le guide, une personne recevra tous les besoins quotidiens en termes d'énergie, de protéines, de vitamines et autres nutriments essentiels.

Voici les tailles recommandées des portions pour les aliments riches en hydrates de carbone.

Légumes: 1 tasse de légumes crus ou ½ tasse de légumes cuits ou ¾ d'une tasse de jus de légumes.

Fruit: 1 fruit de taille moyenne (comme une pomme moyenne taille ou une orange moyenne taille), ½ tasse de fruits en conserve ou haché, ou ¾ d'une tasse de jus de fruits.

Pain et céréales: 1 tranche de pain; 1 oz ou 2/3 d'une tasse de céréales prêt-à-manger; ½ tasse de riz cuit, des pâtes ou des céréales; ½ tasse de haricots cuits secs, lentilles, ou pois secs.

Produits laitiers: 1 tasse de lait écrémé ou faiblement écrémé.

Le bon apport de protéines, lipides et glucides pour les non-athlètes est:

Protéines 12%

Carbohydrates 58%

Graisses 30%

Le bon apport de protéines, lipides et glucides pour la plupart des athlètes est:

Protéines 15-20%

Carbohydrates 60-65%

Graisses 20-25%

Les Body Builders mangent plus de protéines pour ajouter du muscle et de la masse, avec les protéines qui représentent jusqu'à 35-40% de l'alimentation pour les athlètes de body-building professionnels.

Aérobie vs Anaréobie de l'activité physique :

Il existe 2 principaux types d'activité physique: l'activité aérobie et l'activité anaérobie.

L'activité Anaérobie est définie comme l'activité entreprise sans la présence d'oxygène qui ne peut être maintenue pendant de longues périodes de temps. Ce type d'activité s'appuie fortement sur les fibres musculaires à contraction rapide. Exemples d'activité anaérobie sont l'haltérophilie et le sprint. Ces activités ne peuvent pas être effectuées pendant de longues périodes de temps. Ce type d'activité contribue à la construction des tissus maigres et améliore la composition corporelle. Le test de la capacité anaérobie est un test qui mesure la capacité du corps à procéder à un exercice de courte durée et d'une intensité très élevée.

Le test du cycle Wingate est couramment utilisé pour tester la capacité anaérobie.

L'Aérobie, également connue sous la condition cardiovasculaire est l'aptitude de l'organisme à exécuter un exercice sur une période prolongée de temps, en présence d'oxygène. Ce type d'activité s'appuie fortement sur les fibres musculaires à contraction lente et comprend des activités telles que le cyclisme et le marathon.

Un programme de formation qui combine le fitness cardiovasculaire et le fitness musculaire permet plus de sang oxygéné à être livré par le battement et augmente la myoglobine dans les muscles afin qu'ils puissent prendre plus de quantités d'oxygène, permettant ainsi plus de travail à faire. C'est pourquoi c'est une décision intelligente de s'entraîner. En haltérophilie, être capable de combiner à la fois l'aérobie et l'anaérobie vous donnera les meilleurs résultats avant, pendant et après la compétition.

CERTAINS DES ALIMENTS QUI VONT ÊTRE UTILISES POUR LE PLAN DE NUTRITION SONT :

Carbohydrates Complexes

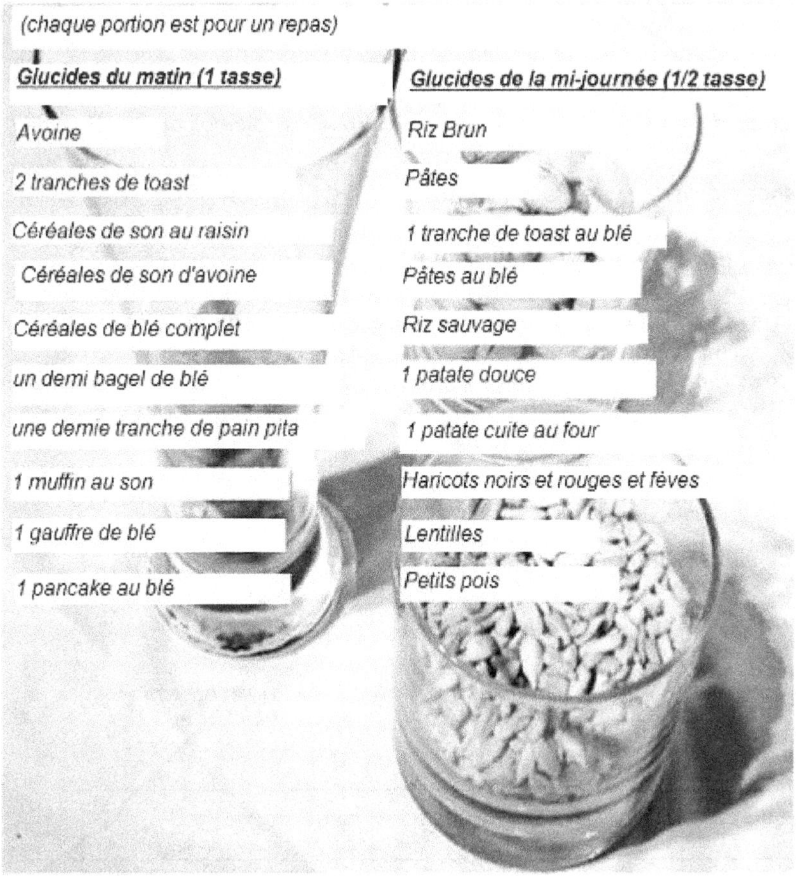

(chaque portion est pour un repas)

Glucides du matin (1 tasse)

Avoine

2 tranches de toast

Céréales de son au raisin

Céréales de son d'avoine

Céréales de blé complet

un demi bagel de blé

une demie tranche de pain pita

1 muffin au son

1 gauffre de blé

1 pancake au blé

Glucides de la mi-journée (1/2 tasse)

Riz Brun

Pâtes

1 tranche de toast au blé

Pâtes au blé

Riz sauvage

1 patate douce

1 patate cuite au four

Haricots noirs et rouges et fèves

Lentilles

Petits pois

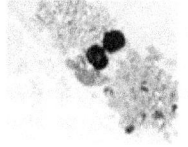 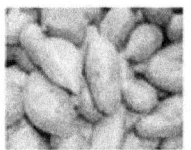  

Le Guide Essentiel De La Nutrition Des Halterophiles

Protéines

Portions pour un repas

Pas plus de 3 viandes rouges par semaine et un minimum de

3 différentes sortes de poissons par semaine

Protéines du matin	Protéines de la mi-journée	Protéines de l'après-midi
4 blancs d'oeufs	4 blancs d'oeufs	Saumon 4 oz.
Jambon 4 oz.	Jambon 4 oz.	Jambon 4 oz.
Poisson (au choix) 4 oz.	Poisson(au choix) 4 oz.	Poisson(au choix) 4 oz.
1 boîte de thon	1 boîte de thon	1 boîte de thon
Tranches de Dinde 4 oz.	Dinde 4 oz.	Dinde 4 oz.
Une tasse de crevettes	1 tasse de crevettes	Tilapia (poisson d'eau douce) 4 oz.
Steak ou viande rouge 4 oz.	Steak ou viande rouge 4 oz.	Steak ou viande rouge 2 oz.
1 Tranche de Bacon	Porc 4 oz.	Porc 2 oz.
Poulet ou autre volaille 4 oz.	Poulet ou autre volaille 4 oz.	Poulet ou autre volaille 4 oz.

Note du traducteur: 1 oz. = 28,349 grammes

Fruits de Mer (Valeurs Nutritives)

Cuisson (à la vapeur ou sans matières grasses et sans ajout d'ingrédients), par portion comestible.
Pourcentage de la Valeur Journalière (%DV) est basée sur un régime de 2,000 calories

Fruits de Mer par portion (84g/3oz.)	Calories	Calories de M.G.	Total de M.G. (g)	Total de M.G. (%DV)	M.G. Saturées (g)	M.G. Saturées (%DV)	Cholestérol (mg)	Cholestérol (%DV)	Sodium (mg)	Sodium (%DV)	Potassium (mg)	Potassium (%DV)	Total Hydrate de Carbone (g)	Total Hydrate de Carbone (%DV)	Protéines (g)	Vitamine A (%DV)	Vitamine C (%DV)	Calcium (%DV)	Fer (%DV)
Crabe Bleu	100	10	1	2	0	0	95	32	330	14	300	9	0	0	20	0	4	10	4
Poisson-chat	130	60	6	9	2	10	50	17	40	2	230	7	0	0	17	0	0	0	0
Palourdes 12 petites	110	15	1.5	2	0	0	80	27	95	4	470	13	6	2	17	10	0	8	30
Morue	90	5	1	2	0	0	50	17	65	3	460	13	0	0	20	0	2	2	2
Flet/Sole	100	15	1.5	2	0	0	55	18	100	4	390	11	0	0	19	0	0	2	0
Cabillaud	100	10	1	2	0	0	70	23	85	4	340	10	0	0	21	2	0	2	6
Hareng	120	15	2	3	0	0	40	13	60	3	500	14	0	0	23	4	0	2	6
Homard	80	0	0.5	1	0	0	60	20	320	13	300	9	1	0	17	2	0	6	2
Perche d'Océan	110	20	2	3	0.5	3	45	15	95	4	290	8	0	0	21	0	2	10	4
hoplostète orange	80	5	1	2	0	0	20	7	70	3	340	10	0	0	16	2	0	4	2
Huîtres, environ 12 moyennes	100	35	4	6	1	5	80	27	300	13	220	6	6	2	10	0	6	6	45
Goberge	90	10	1	2	0	0	80	27	110	5	370	11	0	0	20	2	0	0	2
Truite Arc-en-Ciel	140	50	6	9	2	10	55	18	35	1	370	11	0	0	20	4	4	8	2
Poisson de Roches	110	15	2	3	0	0	40	13	70	3	440	13	0	0	21	4	0	2	2
Saumon Pacifique/ Atlantique/ Rouge	200	90	10	15	2	10	70	23	55	2	430	12	0	0	24	4	4	2	2
Saumon Kéta / Rose	130	40	4	6	1	5	70	23	65	3	420	12	0	0	22	2	0	2	4
Coquille St Jacques 6 grosses ou 14 petites	140	10	1	2	0	0	65	22	310	13	430	12	5	2	27	2	0	4	14
Crevettes	100	10	1.5	2	0	0	170	57	240	10	220	6	0	0	21	4	4	6	10
Espadon	120	50	6	9	1.5	8	40	13	100	4	310	9	0	0	16	2	2	0	6
Tilapia	110	20	2.5	4	1	5	75	25	30	1	360	10	0	0	22	0	2	0	2
Thon	130	15	1.5	2	0	0	50	17	40	2	480	14	0	0	26	2	2	2	4

Source: U.S. Food and Drug Administration

Végétaux et Légumes (V &L)

(1 - 2 tasses au total de ce qui suit)

Varie entre les végétaux crus, les végétaux cuits ou les jus de végétaux.

V & L du Matin	V & L de la mi-journée	V & L de l'après-midi
Laitue	Laitue	Laitue
Tomate	Tomate	Tomate
Carottes	Broccolis	Broccolis
Epinards	Carottes	Carottes
Petits Pois Verts	Epinards	Epinards
Corn	Petits Pois Verts	Petits Pois Verts
Céleri	Corn	Corn
Concombre	Céleri	Céleri
Jus de végétaux	Concombre	Concombre
Courge	Jus de végétaux	Jus de végétaux
Haricots Verts	Courge	Courge
Champignons	Haricots Verts	Haricots Verts
Choux	Choux-fleur	Chou-fleur
Betteraves	Champignons	Champignons
	Chou	Chou
	Poivrons	Poivrons
	Choux	Choux
	Betteraves	Betteraves

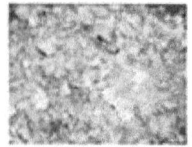  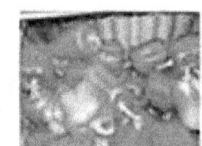 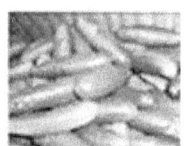

Le Guide Essentiel De La Nutrition Des Halterophiles

Végétaux (Valeurs Nutritives)

Crus, poids indiqué pour une portion. Pourcentages de valeur journalière (%DV) basé sur un régime de 2,000 calories

Végétaux Portion mesurée (poids en grammes/ poids en once)	Calories	Calories de M.G.	M.G. Totales (g)	(%VJ)	Sodium (mg)	(%VJ)	Potassium (mg)	(%VJ)	Total Carbohydrat (g)	(%VJ)	Fibres Diététiques (g)	(%VJ)	Sucres (g)	Protéines (g)	Vitamines A (%VJ)	Vitamines C (%VJ)	Calcium (%VJ)	Fer (%VJ)
Asperges 5 tiges (93 g/ 3.3oz)	20	0	0	0	0	0	230	7	4	1	2	8	2	2	10	15	2	2
Poivron 1 moyen (148g/5.3oz)	25	0	0	0	40	2	220	6	6	2	2	8	4	1	4	190	2	4
Broccoli 1 tige moyenne (148g/5.3oz)	45	0	0.5	1	80	3	460	13	8	3	3	12	2	4	6	220	6	6
Carotte 1 carotte 7" long.1 1/4" diamètre (78g/2.8oz)	30	0	0	0	60	3	250	7	7	2	2	8	5	1	110	10	2	2
Chou-fleur 1/6 moyenne tête (99g/3.5oz)	25	0	0	0	30	1	270	8	5	2	2	8	2	2	0	100	2	2
Céleri 2 tiges moyennes (11g/3.9oz)	15	0	0	0	115	5	260	7	4	1	2	8	2	0	10	15	4	2
Concombre 1/3 moyen (99g/3.5oz)	10	0	0	0	0	0	140	4	2	1	1	4	1	1	4	10	2	2
Haricots (mange-tout) Verts 3/4 tasse (83g/3.0oz)	20	0	0	0	0	0	200	6	5	2	3	12	2	1	4	10	4	2
Chou vert 1/12 moyenne tête (84g/3.0oz)	25	0	0	0	20	1	190	5	5	2	2	8	3	1	0	70	4	2
Oignon vert 1/4 tasse hâchés (25g/0.9oz)	10	0	0	0	10	0	70	2	2	1	1	4	1	0	2	8	2	2

Note du traducteur : oz = abbréviation pour une once
g = abbréviation pour un gramme

Végétaux (Valeurs Nutritives) SUITE

Crus, poids indiqué pour une portion. Pourcentages de valeur journalière (%DV) basés sur un régime de 2,000 calories

Végétaux Portion mesurée (poids en grammes/poids en once)	Calories	Calories de M.G.	M.G. Totales (g)	(%DV)	Sodium (mg)	(%DV)	Potassium (mg)	(%DV)	Total Carbohydrats (g)	(%DV)	Fibres Diététiques (g)	(%DV)	Sucres (g)	Protéines (g)	Vitamines A (%DV)	Vitamines C (%DV)	Calcium (%DV)	Fer (%DV)
1 1/12 coupées fins (85g/3.0oz)	15	0	0	0	35	1	170	5	2	1	1	4	1	1	130	6	2	4
Champignons 5 moyens (84g/3.0oz)	20	0	0	0	15	0	300	9	3	1	1	4	0	3	0	2	0	2
Oignon 1 moyen (148g/5.3oz)	45	0	0	0	5	0	190	5	11	4	3	12	9	1	0	20	4	4
Patate 1 moyenne (148g/5.3oz)	110	0	0	0	0	0	620	18	26	9	2	8	1	3	0	45	2	6
Radis 7 radis (85g/3.0oz)	10	0	0	0	55	2	190	5	3	1	1	4	2	0	0	30	2	2
Courge d'été 1/2 moyenne (98g/3.5oz)	20	0	0	0	0	0	260	7	4	1	2	8	2	1	6	30	2	2
Graines de Maïs doux d'un épi moyen (90g/3.2oz)	90	20	2.5	4	0	0	250	7	18	6	2	8	5	4	2	10	0	2
Patate douce 1 moyenne 5" long, 2" diam. (130g/4.6oz)	100	0	0	0	70	3	440	13	23	8	4	16	7	2	120	30	4	4
Tomate 1 moyenne (148g/5.3oz)	25	0	0	0	20	1	340	10	5	2	1	4	3	1	20	40	2	4

Source: U.S. Food and Drug Administration

Fruits, Noix et graines *(varient entre fruits crus, fruits congelés, jus de fruits et fruits secs).*

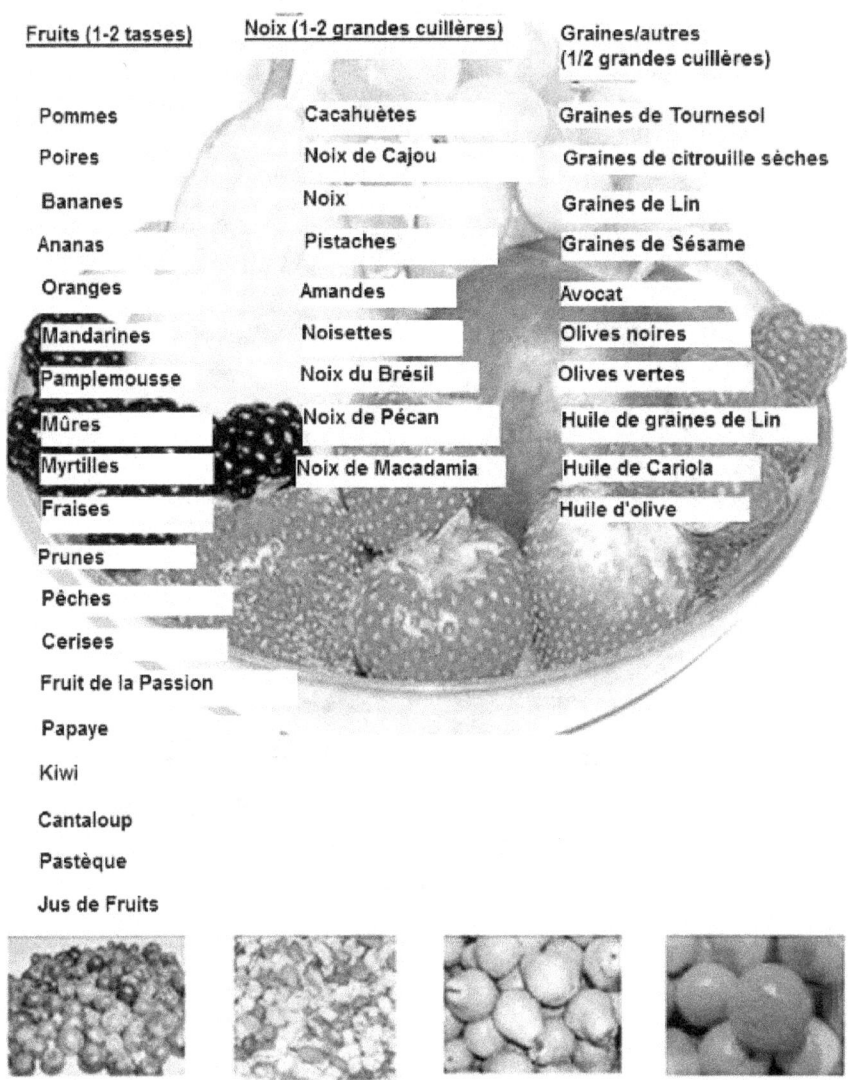

Fruits (1-2 tasses)	Noix (1-2 grandes cuillères)	Graines/autres (1/2 grandes cuillères)
Pommes	Cacahuètes	Graines de Tournesol
Poires	Noix de Cajou	Graines de citrouille sèches
Bananes	Noix	Graines de Lin
Ananas	Pistaches	Graines de Sésame
Oranges	Amandes	Avocat
Mandarines	Noisettes	Olives noires
Pamplemousse	Noix du Brésil	Olives vertes
Mûres	Noix de Pécan	Huile de graines de Lin
Myrtilles	Noix de Macadamia	Huile de Cariola
Fraises		Huile d'olive
Prunes		
Pêches		
Cerises		
Fruit de la Passion		
Papaye		
Kiwi		
Cantaloup		
Pastèque		
Jus de Fruits		

Le Guide Essentiel De La Nutrition Des Halterophiles

Fruits (Valeurs Nutritives)

Crus, poids indiqué pour une portion. Pourcentage Valeur Journalière (%DV) basées sur un régime de 2,000 calories.

Fruits Portion par repas (poids en grammes/ poids en once)	Calories	Calories de M.G.	M.G. Total (g)	M.G. Total (%DV)	Sodium (mg)	Sodium (%DV)	Potassium (mg)	Potassium (%DV)	Carbohydrate Total (g)	Carbohydrate Total (%DV)	Fibres (g)	Fibres (%DV)	Sucres (g)	Protéines (g)	Vitamine A (%DV)	Vitamine C (%DV)	Calcium (%DV)	Fer (%DV)
Pomme 1 grosse (242 g / 8 oz)	130	0	0	0	0	0	260	7	34	11	5	20	25	1	2	8	2	2
Avocat de Californie 1/5 moyen (30 g / 1.1 oz)	50	35	4.5	7	0	0	140	4	3	1	1	4	0	1	0	4	0	2
Banane 1 moyenne (126 g/4.5 oz)	110	0	0	0	0	0	450	13	30	10	3	12	19	1	2	15	0	2
Cantaloupe 1/4 moyen (134 g/ 4.8 oz)	50	0	0	0	20	1	240	7	12	4	1	4	11	1	120	80	2	2
Pamplemousse 1/2 moyen (154 g/5.5 oz)	60	0	0	0	0	0	160	5	15	5	2	8	11	1	35	100	4	0
Raisins 3/4 tasse (126 g/4.5 oz)	90	0	0	0	15	1	240	7	23	8	1	4	20	0	0	2	2	0
Melon de Miel 1/10 melon moyen (134 g/4.8 oz)	50	0	0	0	30	1	210	6	12	4	1	4	11	1	2	45	2	2
Kiwis 2 moyens (148 g/5.3 oz)	90	10	1	2	0	0	450	13	20	7	4	16	13	1	2	240	4	2
Citron 1 moyen (58 g/2.1 oz)	15	0	0	0	0	0	75	2	5	2	2	8	2	0	0	40	2	0
Citron vert 1 moyen (67 g/2.4 oz)	20	0	0	0	0	0	75	2	7	2	2	8	0	0	0	35	0	0

Fruits (Valeurs nutritives) SUITE

Crus, poids indiqué pour une portion. Pourcentage Valeur Journalière (%DV) basées sur un régime de 2,000 calories.

Fruits Portion par repas (poids en grammes/ poids en once)	Calories	Calories de M.G.	M.G. Total (g)	(%DV)	Sodium (mg)	(%DV)	Potassium (mg)	(%DV)	Carbohydrate Total (g)	(%DV)	Fibres (g)	(%DV)	Sucres (g)	Protéines (g)	Vitamine A (%DV)	Vitamine C (%DV)	Calcium (%DV)	Fer (%DV)
Nectarine 1 moyenne (140 g/5.0 oz)	60	5	0.5	1	0	0	250	7	15	5	2	8	11	1	8	15	0	2
Orange 1 moyenne (154 g/5.5 oz)	80	0	0	0	0	0	250	7	19	6	3	12	14	1	2	130	6	0
Pêche 1 moyenne (147 g/5.3 oz)	60	0	0.5	1	0	0	230	7	15	5	2	8	13	1	6	15	0	2
Poire 1 moyenne (166 g/5.9 oz)	100	0	0	0	0	0	190	5	26	9	6	24	16	1	0	10	2	0
Ananas 2 tranches 3" diamètre 3/4" épaisseur (112 g/4 oz)	50	0	0	0	10	0	120	3	13	4	1	4	10	1	2	50	2	2
Prunes 2 moyennes (151 g/5.4 oz)	70	0	0	0	0	0	230	7	19	6	2	8	16	1	8	10	0	2
Fraises 8 moyennes (147 g/5.3 oz)	50	0	0	0	0	0	170	5	11	4	2	8	8	1	0	160	2	2
Cerises sucrées 21 cerises; 1 tasse (140 g/5.0 oz)	100	0	0	0	0	0	350	10	26	9	1	4	16	1	2	15	2	2
Mandarine 1 moyenne (109 g/3.9 oz)	50	0	0	0	0	0	160	5	13	4	2	8	9	1	6	45	4	0
Pastèque 1/18 pastèque moyenne (280 g/10.0 oz)	80	0	0	0	0	0	270	8	21	7	1	4	20	1	30	25	2	4

Aliments Laitiers et Collations

(Pour chaque repas)

De préférence pauvres en matières grasses

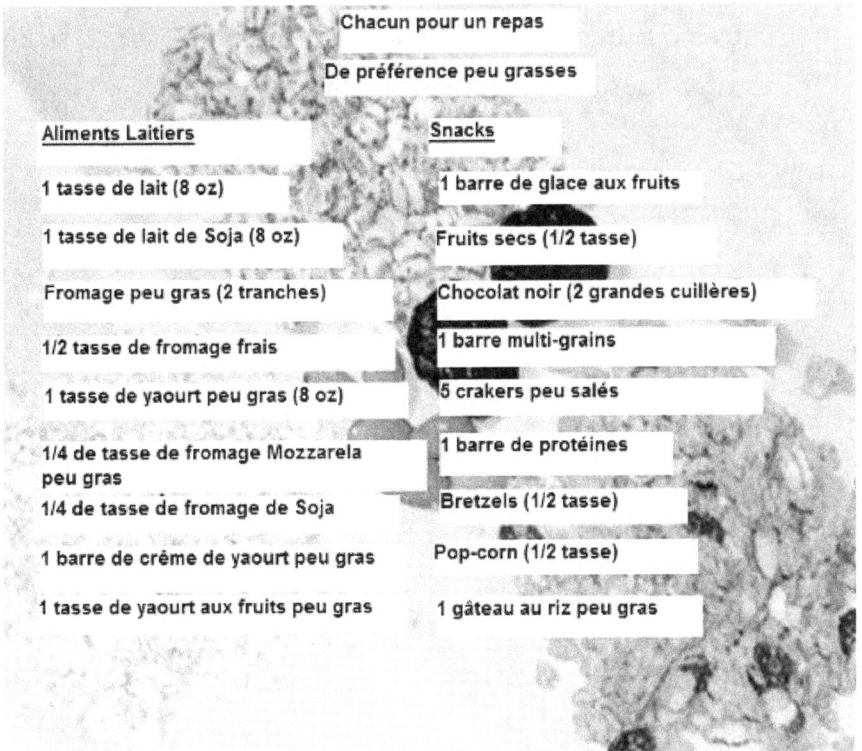

Chacun pour un repas
De préférence peu grasses

Aliments Laitiers
- 1 tasse de lait (8 oz)
- 1 tasse de lait de Soja (8 oz)
- Fromage peu gras (2 tranches)
- 1/2 tasse de fromage frais
- 1 tasse de yaourt peu gras (8 oz)
- 1/4 de tasse de fromage Mozzarela peu gras
- 1/4 de tasse de fromage de Soja
- 1 barre de crême de yaourt peu gras
- 1 tasse de yaourt aux fruits peu gras

Snacks
- 1 barre de glace aux fruits
- Fruits secs (1/2 tasse)
- Chocolat noir (2 grandes cuillères)
- 1 barre multi-grains
- 5 crakers peu salés
- 1 barre de protéines
- Bretzels (1/2 tasse)
- Pop-corn (1/2 tasse)
- 1 gâteau au riz peu gras

CONSEILS PRATIQUES :

- Utiliser les condiments dans votre alimentation à un minimum d'une cuillère à café par repas. Juste assez pour donner à votre nourriture un peu de saveur.
- Au lieu du sucre, utiliser du miel pour sucrer vos boissons et votre nourriture. Si vous devez absolument utiliser du sucre assurez-vous que c'est le sucre brun.

La Nutrition Sportive signifie davantage que ce que vous mangez ;

Il s'agit plus de quand et comment vous mangez !

Buvez au moins 6 à 8 verres d'eau par jour

Buvez 1 verre d'eau quand vous vous réveillez, 1 verre avant chaque repas, et 1 verre avant d'aller dormir.

Mangez 6 repas petits à moyens par jour

Vous devriez manger toutes les trois heures. Utilisez une minuterie, un chronomètre ou votre téléphone portable pour mesurer le temps car cela est tout aussi important que ce que vous mangez. Si vous mangez des petits repas de taille moyenne toutes les trois heures, vous permettez à votre corps de digérer les aliments d'une manière efficace et d'une manière qui ne surmène pas le système digestif. Certaines personnes mangent trois gros repas par jour et attendent plusieurs heures jusqu'à ce qu'ils aient faim et ne se sentent pas encore satisfaits, mais c'est exactement ce qu'il ne faut pas faire.

Mâchez bien puis avalez !

Cela semble assez simple, mais avec les horaires chargés d'aujourd'hui les gens ont tendance à mâcher et avaler tout de suite. Cela ne va pas permettre à votre corps de traiter la nourriture comme il le devrait, alors assurez-vous de prendre le temps de bien mastiquer vos aliments. Vos dents ont un but et ce but est de décomposer les aliments avant qu'ils n'arrivent à votre estomac pour que votre estomac puisse faire ce qu'il devrait faire. Rappelez-vous, ne pas mâcher vos aliments signifie que votre estomac doit travailler plus fort et ceci équivaut à une digestion plus lente, ce qui peut vous causer un inconfort ou provoquer des gaz.

Pas de glucides ou de fruits après le soir (ou le coucher du soleil)

Il n'y a pas besoin de stocker de l'énergie que vous n'utiliserez pas pendant que vous dormez. Essayez de rester loin des gros repas après le coucher du soleil. Assurez-vous de consommer une collation saine en cas de besoin pour vous empêcher de trop manger pendant ces périodes, ou tout simplement buvez un verre d'eau.

Toujours trouver le temps de faire de l'exercice ou de faire une certaine forme d'étirement lorsque vous vous réveillez, car c'est le moment idéal de la journée pour se mettre en forme et rester sans incidents

Guide Nutritionnel pour L C L A's

Du Lundi au Samedi (pourcentage d'aliments à consommer)

- 15% carbohydrates complexes
- 40% protéines
- 15% végétaux et légumes
- 15% fruits et noix
- 15% d'aliments laitiers et collations

Ou l'équivalent en repas quotidiens

- Glucides (1-2 repas)
- protéines (4-6 repas)
- végétaux et légumes (3-6 repas)
- Fruits et noix (1-2 repas)
- aliments laitiers et collations (1-3 repas)

Dimanche

(Certains athlètes ne s'entraînent pas le dimanche ou une fois par semaine, donc un jour par semaine, les portions alimentaires vont changer. Nous utilisons le dimanche comme ce jour-là)

- 15% carbohydrates complexes
- 40% protéines

- 15% végétaux et légumes
- 15% fruits et noix
- 15% d'aliments laitiers et collations

Ou l'équivalent en repas quotidiens

- Glucides (1-3 repas)
- protéines (3-5 repas)
- végétaux et légumes (3-6 repas)
- Fruits et noix (1-3 repas)
- aliments laitiers et collations (1-3 repas)

Les pourcentages indiqués sont pour la consommation quotidienne de ces groupes d'aliments et les portions sont pour le montant maximum de fois que vous êtes autorisé à consommer ces groupes d'aliments. Suivez les tableaux de groupes d'aliments fournis au début du livre comme un guide de ce que vous pouvez manger à l'exception des laiteries dont vous êtes libre de choisir le type et la quantité en raison de la variété des préférences et des conditions médicales locales.

Guide Nutritionnel pour M C L A

Du Lundi au Samedi

- 20% carbohydrates complexes
- 40% protéines
- 15% végétaux et légumes
- 10% fruits et noix
- 15% d'aliments laitiers et collations

Or l'équivalents en repas quotidiens

- Glucides (1-2 repas)
- protéines (4-6 repas)
- végétauxs et légumes (3-6 repas)
- Fruits et noix (1-2 repas)
- aliments laitiers et collations (1-3 repas)

Dimanche

(Certains athlètes ne s'entraînent pas le dimanche ou une fois par semaine, donc un jour par semaine, les portions alimentaires vont changer. Nous utilisons le dimanche comme ce jour-là.)

- 20% carbohydrates complexes
- 40% protéines
- 15% végétaux et légumes

- 10% fruits et noix
- 15% produits laitiers et collations

Ou l'équivalent en repas quotidiens

- Glucides (1-2 repas)
- protéines (4-6 repas)
- végétaux et légumes (3-6 repas)
- Fruits et noix (1-3 repas)
- produits laitiers et collations (1-3 repas)

Les pourcentages indiqués sont pour la consommation quotidienne de ces groupes d'aliments et les portions sont pour le montant maximum de fois que vous êtes autorisé à consommer ces groupes d'aliments. Suivez les tableaux de groupes d'aliments fournis au début du livre comme un guide de ce que vous pouvez manger à l'exception des laiteries dont vous êtes libre de choisir le type et la quantité en raison de la variété des préférences et des conditions médicales locales.

Guide Nutritionnel pour H C L A's

Lundi à Samedi

- 20% carbohydrates complexes
- 40% protéines
- 15% végétaaux et légumes
- 10% fruits et noix
- 15% produits laitiers et collations

Ou l'équivalent en repas quotidiens

- Glucides (1-2 repas)
- protéines (4-6 repas)
- végétaux et légumes (3-6 repas)
- Fruits et noix (1-2 repas)
- produits laitiers et collations (1-3 repas)

Dimanche

(Certains athlètes ne s'entraînent pas le dimanche ou une fois par semaine, donc un jour par semaine, les portions alimentaires vont changer. Nous utilisons le dimanche comme ce jour-là).

- 20% carbohydrates complexes
- 40% protéines
- 15% végétaux et légumes

- 10% fruits et noix
- 15% aliments laitiers et collations

Ou l'équivalent en repas quotidiens

- Glucides (1-2 repas)
- protéines (4-6 repas)
- végétaux et légumes (3-6 repas)
- Fruits et noix (1-2 repas)
- aliments laitiers et collations (1-2 repas)

* Les pourcentages indiqués sont pour la consommation quotidienne de ces groupes d'aliments et les portions sont pour le montant maximum de fois que vous êtes autorisé à consommer ces groupes d'aliments. Suivez les tableaux de groupes d'aliments fournis au début du livre comme un guide de ce que vous pouvez manger à l'exception des laiteries dont vous êtes libre de choisir le type et la quantité en raison de la variété des préférences et des conditions médicales locales.

CHAPITRE 2

Mangez, Dormez, Et Respirez En Vue D'un Corps Plus Mince

Votre Arme Secrète TMR

TMR est également connu comme le Taux Métabolique au Repos et le nombre de calories brûlées pendant que votre corps est au repos en raison des fonctions normales de l'organisme telles que la fréquence cardiaque et la fonction respiratoire. Cela représente 75% du total des calories brûlées pendant la journée. Cela peut varier d'une personne à l'autre en fonction de l'âge, la quantité de graisse dans votre corps, et d'autres facteurs. Le moins de matières grasses vous avez dans votre corps et plus vous avez de muscle et plus votre TMR sera élevé et plus vous brûlerez de calories au repos, même dans votre sommeil.

C'est ce que certains considèrent comme ayant un bon métabolisme, mais ceci équivaut en réalité à avoir un TMR élevé. Avoir un TMR élevé vous rendra plus mince et facilitera le fait de rester plus svelte tous les jours.

Comment pouvez-vous accomplir cela ? Vous pouvez le faire en changeant votre alimentation pour réduire les graisses et les sucres, et en ajoutant du muscle à votre corps.

Chaque jour est une occasion de se remettre en forme. Lorsque vous êtes fatigué de travailler et constamment occupé avec toutes les choses fastidieuses de la vie, vous arrêtez de penser à l'importance de prendre soin de votre corps et de votre mental. Pour cette raison, <u>j'ai préparé un programme quotidien pour vous aider à vous mettre en forme toute la journée, même pendant que vous mangez, dormez et respirez.</u> Comment est-ce possible ? Vous pouvez le faire simplement en accélérant votre métabolisme.

Une façon naturelle de le faire est d'apporter de petits changements dans votre vie qui auront un effet immédiat sur votre corps.

Cet horaire quotidien peut être modifié pour s'adapter à votre style de vie ainsi qu'à votre programme d'entraînement. <u>Les choses que vous faites déjà dans une journée normale seront soulignées en gras juste pour</u>

vous rappeler que vous n'êtes pas vraiment en train de changer votre programme horaire journalier.

Souvenez-vous, vous êtes la seule personne qui puisse vous garder assez motivé pour respecter votre programme. Travailler tous les jours et s'en tenir à ce guide de nutrition exige des sacrifices et être capable de résister aux tentations.

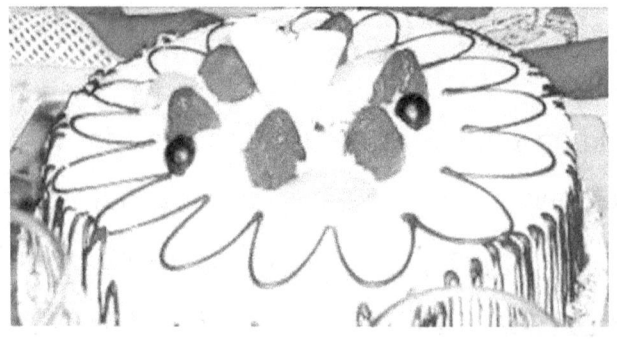

Tentations

Chaque jour, nous passons par une pâtisserie ou une machine distributrice pleine de gourmandises. Ce sont à ces moments-là que vous devez résister et rester fort. Détournez le regard! Pensez à autre chose. Pensez au travail. Pensez à votre famille. Pensez à quel point vous travaillez pour réussir et rester en forme. Il n'y a personne pour vous empêcher de manger un beignet ou boire une boisson gazeuse ou des chips de pommes de terre, c'est à vous d'être discipliné. Chaque fois que vous êtes en mesure de résister à la tentation, vous serez d'autant plus fort. Au cas où vous n'avez jamais fait cela auparavant, ne vous laissez pas aller à l'épicerie le ventre vide car vous achèteriez certainement des choses que vous ne devriez pas manger.

Arrêtez de fumer

Fumer réduit votre espérance de vie et, plus gravement, il va diminuer votre qualité de vie ! Ce guide de la nutrition devrait être utilisé pour améliorer votre longévité et votre performance d'athlète par l'exercice physique et une meilleure alimentation. Fumer travaille contre vous et contre vos objectifs pour améliorer vos habitudes de santé.

Consommez moins d'alcool

Boire de l'alcool vous déshydrate beaucoup plus rapidement que la plupart des autres boissons de sorte qu'il ne serait pas recommandé d'ajouter ceci à votre plan de nutrition. Consultez votre médecin pour savoir jusqu'à quelle limite vous pouvez boire.

Améliorer vos techniques de respiration

Les exercices statiques de respiration, yoga, Pilates, stretching, et d'autres formes d'exercices de respiration vous aideront à réduire votre niveau de stress.

Moins de stress =Une vie plus longue

Ces exercices sont pour les hommes et les femmes. Ils ont changé ma vie et je suis sûr qu'ils agiront de même pour vous. Ce ne sont que quelques-uns des avantages que vous constaterez :

- Flexibilité accrue

- Le renforcement du dos et des muscles du tronc
- Amélioration de la posture
- Réduction du stress

La Nutrition idéale et le Programme d'entraînement

Lundi à Vendredi

7:00 AM   Buvez un verre d'eau à votre réveil.

7:15 AM   Faites un minimum de 5 exercices abdominaux et 5 exercices d'étirements.

8:00 AM   Buvez un verre d'eau, de lait ou de jus et après cela prenez un petit-déjeuner. Basez votre petit-déjeuner sur le régime alimentaire expliqué au chapitre 1.

8:30 AM   Entraînez-vous comme vous le feriez normalement un jour de semaine.

10:00 AM   Buvez un verre d'eau.

11:00 AM   Mangez un fruit avec une barre multigrains (ou une autre collation sur la base de la liste fournie dans le chapitre 1). Vous pouvez ajouter ou remplacer par un yaourt ou des tranches d'une protéine (dinde, jambon, rôti de boeuf, poisson, volaille, etc...)

11:10 AM   Après avoir pris votre collation assurez-vous de prendre une pause de 5 minutes Pour vous étirer et respirer, ou simplement détendre votre corps afin de vous préparer pour le déjeuner dans un environnement sain

2:00 PM   Buvez un verre d'eau, de jus, de lait ou autre liquide et après cela, prenez votre déjeuner.

2:45 PM   Reposez-vous au moins de 30 minutes à 1 heure pour permettre à votre corps de bien digérer la nourriture.

4:00 PM   Commencez votre entraînement de l'après-midi qui pourrait inclure aller àu gymnasium ou tout simplement se reposer si votre entraînement du matin était suffisant et satisfaisant.

5:00 PM   Faites vos exercices abdominaux expliqués au chapitre 6.

6:30 PM   Buvez un verre d'eau, de lait ou de jus avant de dîner. N'oubliez pas de manger seulement les aliments expliqués dans le plan de la nutrition dans le premier chapitre

8:30 PM   Mangez une collation si vous avez encore faim. Assurez-vous de manger des petites quantités. <u>N'oubliez pas que la nuit vous ne devez pas manger de glucides et de fruits, ou des aliments qui contiennent l'un ou l'autre.</u>

10:00 PM   Vous devez boire au moins un verre d'eau avant d'aller dormir, même si vous dormez plus tôt ou plus tard que l'heure prévue.

Note:

Vous pouvez ajuster le calendrier et les exercices aussi longtemps que toutes les étapes sont terminées et sont dans l'ordre. Aussi, assurez-vous que vous gardez un espace de 3 heures entre les repas et buvez un minimum de 6 - 8 verres d'eau avant la fin de la journée.

Améliorer la qualité des événements de votre vie et votre horaire quotidien vous aidera à perdre du poids, même pendant que vous dormez, car votre métabolisme va s'accélérer à un rythme plus rapide et va s'adapter à vos heures de sommeil.

Samedi

Pour l'horaire de samedi, nous allons tout simplement remplacer le temps de travail avec le temps à la maison, le temps de divertissement, ou le temps de faire quelques tâches. Samedi ressemblerait à quelque chose comme ceci:

7:00 AM   Buvez un verre d'eau à votre réveil.

7:15 AM   Faites 5 minutes d'étirement matinal pour relaxer et assouplir vos muscles et être prêt pour la journée à venir.

8:00 AM   Buvez un verre d'eau, de lait ou de jus, puis prenez le petit déjeuner. Basez votre petit-déjeuner sur le régime alimentaire expliqué dans le chapitre 1.

8:30 AM   Entraînez-vous comme vous le feriez normalement un jour de semaine.

10:00 AM Buvez un verre d'eau.

11:00 AM   Mangez un fruit avec une barre multigrains (ou une autre collation sur la base de la liste fournie dans le chapitre 1.). Vous pouvez ajouter ou remplacer par un yaourt ou des tranches d'une protéine (dinde, jambon, rôti de boeuf, poisson, volaille, etc...)

11:10 AM Après avoir pris votre collation assurez-vous de prendre une pause de 5 minutes pour vous étirer et respirer, ou simplement détendre votre corps afin de le préparer pour le déjeuner dans un environnement sain.

2:00 PM   Buvez un verre d'eau, de jus, de lait ou autre liquide, et après cela, prenez votre déjeuner.

2:45 PM   Reposez-vous.

5:30 PM   Buvez un verre d'eau, de lait ou de jus avant de dîner. N'oubliez pas de manger seulement les aliments dans le guide de nutrition fourni au début de ce livre.

8:30 PM   Manger un petit repas et inclure un verre d'eau avec ce repas.

10:00 PM Buvez un verre d'eau avant d'aller dormir.

CHAPITRE 3

Comment Être En Forme 24 Heures Par Jour

Accélérer votre métabolisme pour améliorer les performances

Que feriez-vous si je vous disais que vous pourriez rester en forme 24 heures par jour? Cela semble impossible? Laissez-moi vous expliquer comment y arriver par un processus très simple qui pourrait vous surprendre dans un sens en raison de sa simplicité mais d'abord nous allons nous concentrer sur les trois principales composantes pour rester en forme et perdre du poids.

Ils sont: la patience, la répétition et l'objectif (le but à atteindre).

La Patience

Il faut du temps pour prendre du poids. Certaines personnes passent un an ou plus pour accroître leur poids sans jamais le contrôler. Perdre tout ce poids qui a mis si longtemps à s'accumuler prend du temps si vous voulez des résultats durables. Permettez-moi de le répéter une fois de plus parce que c'est un concept difficile à comprendre. Il faut du temps pour perdre tout le poids que vous avez accumulé au fil des ans. Si vous voulez des résultats rapides il faut travailler plus intelligemment et améliorer votre alimentation. Si vous perdez du poids rapidement, soyez sur qu'il va revenir très vite si vous ne continuez pas à faire ce que vous avez fait pour le perdre. *Ne tombez pas dans la voie de la facilité*, car cela ne durera pas et vous serez de retour au point de départ. Soyez patient car de légères diminutions de poids ont plus de valeur a long terme que les grandes diminutions qui reviennent rapidement. Votre corps va progressivement s'adapter aux routines d'exercice et au plan nutritionnel.

Cela signifie que vous allez construire vos nouveaux résultats à chaque fois. Il faut juste être patient.

Poids équilibré

Au fil du temps le poids de votre corps fonctionne comme une bascule.

Votre poids augmente à mesure que le temps passe si vous ne prenez pas les mesures nécessaires pour le maintenir à un niveau sain et il va diminuer à mesure que le temps passe si vous travaillez dur à le contrôler. Le maintien de votre poids corporel est une question d'équilibre entre la nutrition et l'exercice (ci-dessus).

Poids déséquilibré

La répétition

Changer votre style de vie prend du temps et il vous faudra prendre des décisions permanentes. Si vous décidez de commencer à vous exercer, mais vous ne le faites qu'une fois par semaine ou toutes les deux semaines, alors vous savez évidemment quells seront les résultats que vous aurez. Vous devez être cohérent. En outre, vous devez être répétitif dans ce que vous faites, à partir du premier jour du mois jusqu'au dernier jour du mois. Il semble que c'est beaucoup de travail, mais vous devez réaliser que vous faites déjà beaucoup de choses de manière cohérente sans même l'avoir remarqué.

Mangez-vous au moins trois fois par jour, chaque jour de chaque mois de l'année? Regardez-vous la télé au moins une heure chaque jour de chaque mois? Avez-vous changé vos vêtements chaque jour de chaque mois de l'année? Et ne prenez-vous pas une douche chaque jour de chaque mois de l'année? Si vous avez répondu «oui» à ces questions, c'est que vous faites dèjà beaucoup de choses d'une manière cohérente. Je parie que beaucoup de gens ne réalisent même pas qu'ils font toutes ces choses tous les jours. C'est certainement quelque chose que vous devez utiliser à votre avantage, en ajoutant simplement quelques exercices et un régime alimentaire efficace à ces activités quotidiennes. Il existe des «solutions rapides» qui peuvent vous emmener où vous voulez être, mais la plupart du temps il y aura une sorte d'effet secondaire ou un risque pour la santé, ou les deux combinés. Ce n'est pas le but de ce livre. Vous travaillez sur l'obtention *de résultats à long terme* qui vont durer et qui finiront par devenir une partie de votre vie. C'est pourquoi il est important de s'en tenir à ces exercices et leur permettre de devenir une partie de votre vie quotidienne.

La chose la plus importante est d'être cohérent si vous voulez des résultats à long terme de manière à rester concentré sur l'obtention de ces résultats.

L'objectif (le but à atteindre)

L'objectif est l'art d'être en mesure de se concentrer sur quelque chose pour une période de temps déterminée. C'est ce que je veux que vous fassiez avec votre nouvelle routine d'exercice et de régime alimentaire. Restez concentré peu importe sur quoi. Restez concentré sur l'objectif à portée de main. Restez concentré sur votre nouveau style de vie. C'est un travail de tous les jours parce que c'est votre vie et il vous appartient et à personne d'autre de l'améliorer.

Comment être en forme 24 heures par jour

Nous avons parlé de l'augmentation de votre TMR dans le dernier chapitre, mais allons plus dans le détail.

Etape 1: Commencez à faire plus d'exercice, de préférence les exercices qui impliquent l'augmentation de la quantité de muscle dans votre corps. Votre corps va avoir à régénérer le tissu musculaire au cours de la nuit et cela va contribuer à brûler plus d'énergie. En faisant cela, vous allez perdre du poids et être plus efficace toute la journée!

Etape 2: Suivez les instructions nutritionnelles décrites dans le chapitre 1. Mangez mieux et aux bons horaires : cela va changer les effets à court et à long terme de votre corps et de votre esprit qui réduiront, au fil du temps, la consommation de graisse et de sucre. Cela vous aidera à avoir un meilleur mécanisme de défense qui à son tour vous empêchera de tomber malade ou d'avoir des incidents.

Ceci va stimuler vos niveaux d'énergie ainsi que vous aider à prévenir de futurs problèmes de santé tels que l'obésité et les maladies cardiaques. C'est juste pour nommer quelques-uns des maux les plus courants qui affectent notre société d'aujourd'hui.

Etape 3: Les non-athlètes ont besoin de boire un minimum de 6 à 8 verres d'eau pendant la journée, en particulier un verre au réveil et un avant d'aller dormir. En tant qu'athlète, vous devriez boire 6 à 10 verres d'eau.

La bonne manière de boire de l'eau

La consommation d'eau avant l'exercice, au cours de l'exercice et après l'exercice devrait être bien planifiée.

A) Avant l'entraînement ou la compétition, consommez 14 à 18 onces d'eau deux heures avant tout exercice. L'écart de deux heures est suffisant pour hydrater complètement le corps et laisser suffisamment de temps pour que l'excès d'eau sorte du système.

Prenez 5 à 7 onces d'eau juste 15 minutes avant l'entraînement.

B) Au cours de la formation ou de la compétition un athlète doit constamment garder une hydratation de l'organisme toutes les 20-25 minutes avec 5-10 onces d'eau. Les boissons pour sportifs sont de bonnes sources de sodium qui doivent être réapprovisionnées Durant la compétition, mélangées avec de l'eau pour diluer la forte teneur en sucre, elles sont généralement appréciés pour leur bonne saveur.

Les athlètes qui transpirent excessivement devraient consommer 1,5 g de sodium et 2,3 g de chlorure chaque jour (ou 3,8 g de sel) pour remplacer la quantité perdue par la transpiration. La quantité maximale ne doit pas dépasser 5,8 g de sel par jour (2,3 g de sodium). Consultez votre médecin si vous avez l'une des conditions médicales suivantes: hypertension artérielle, les maladies coronariennes, le diabète, et les maladies rénales, etc… Ces athlètes doivent éviter de consommer trop de sel. Les athlètes d'endurance et d'autres individus qui sont impliqués dans des activités astreignantes sont autorisés à consommer plus de sodium pour compenser les pertes sudorales. Les carbonates contenus dans les boissons pour sportifs aident également les muscles à mieux fonctionner. Les athlètes doivent également avoir un apport suffisant de 4,7 g de potassium par jour pour atténuer les effets du sel, abaisser la tension artérielle, et réduire le risque de calculs rénaux et la perte osseuse. Les athlètes doivent aussi consommer des aliments riches en potassium tels que les bananes et les pruneaux.

C) Après l'entraînement ou la compétition un athlète devrait remplacer tous les fluides perdus en buvant environ 20 onces de liquide pour chaque kilo de poids perdu.

Etape 4: Dormir au moins 5 heures, mais pas plus de 10 par jour et faire de bonnes siestes pendant la journée si vous sentez que vous en avez besoin pour obtenir plus de repos. Dormir permet à votre corps de récupérer de l'usure que vous rencontrez tous les jours.

C'est aussi un bon moment pour votre corps pour se reposer afin que vous puissiez continuer à faire des exercices le lendemain. Le sommeil est un excellent moyen de soulager votre corps et votre mental de tout excès de stress qui s'est accumulé pendant la journée. Le sommeil est important pour vous assurer d'obtenir les heures de sommeil adéquates tous les soirs.

Etape 5 : Travailler votre endurance cardiovasculaire est un excellent moyen d'accélérer votre metabolisme, ce qui permettra également de renforcer votre cœur. Assurez-vous que vous faites autant d'exercices aérobiques que possible sans vous faire de mal. Outre des exercices statiques et des étirements, des exercices d'aérobie vous fourniront un des outils les plus importants que vous puissiez avoir afin d'avoir un taux métabolique au repos plus élevé, ce dont nous avons parlé dans le dernier chapitre.

Quelques bons exercices d'aérobie que vous pouvez faire pour vous entraîner sont: courir, nager, sauter, faire des patins à roues alignées, le ski, l'aviron, le karaté, et pratiquer des sports qui nécessitent une combinaison de ceux-ci. Un bon exercice cardio-vasculaire que vous pouvez faire après le déjeuner est de monter et descendre les escaliers à un rythme lent et à un niveau de faible intensité. Si vous habitez ou travaillez dans un bâtiment qui a des escaliers, assurez-vous de profiter de cette facilité. Un bâtiment de deux étages serait suffisant puisque vous pouvez monter et descendre les mêmes étages. Assurez-vous que vous faites cela pour au moins 5 minutes pour que cela soit utile. Après avoir mangé, essayez toujours de faire une certaine forme d'exercice de faible intensité d'aérobie en plus de monter et descendre les escaliers. Cela pourrait être l'un des changements les plus importants que vous faites pour l'amélioration de votre santé et pour votre remise en forme.

Notre objectif dans ce chapitre est d'accélérer votre métabolisme naturellement en restant aussi actif que possible pendant la plupart du temps de la journée, ce qui va augmenter votre TMR. Un métabolisme plus rapide permet à votre corps de rester mince et en forme, mais vous voulez vous assurer que vous faites cela naturellement (sans l'utilisation de substances artificielles) et progressivement de sorte que ces changements sont facilement maintenus dans les mois et les années à venir.

UNE EXPLICATION SIMPLE POUR PERDRE, GAGNER, ET MAINTENIR UN POIDS CORPOREL

Perdre, gagner, et maintenir un poids est tout simplement mathematique. Si vous consommez "1" unité de nourriture et "1" unité d'exercice, vous aurez une équation mathématique simple qui ressemble à ceci:

1 - 1 = 0

Signification, si vous exercez la même quantité que vous mangez (unité logique et simple), vous devriez avoir pris peu ou pas de poids.

Maintenant, si vous consommez "1" unité de nourriture et "0" unité d'exercice, vous aurez une équation qui ressemble à ceci:

1 - 0 = 1

Cela signifie que vous aurez gagné "1" unité de poids. (J'utilise le terme «unité» pour simplifier les choses, mais il se réfère à la quantité de poids).

Cela signifie simplement que chaque jour que vous mangez et que vous ne faites pas d'exercices, vous gagnez du poids parce que vous avez un surplus.

Enfin, si vous consommez "1" unité de denrées alimentaires et faites "2" unités d'exercices, vous aurez une équation qui ressemblera à ceci:

1 - 2 = -1

Cela signifie que vous aurez perdu une unité de poids

Note Importante: Ne pas consommer des unités de nourriture (ne pas manger) n'est pas une option, car cela va créer plus de mal que de bien. Au lieu d'atteindre vos objectifs, vous les retarderez et même causerez des problèmes de santé irréversibles. Vous avez besoin de nourriture pour survivre. C'est une nécessité fondamentale de la vie.

QUE SIGNIFIE TOUT CELA ?

La quantité et la qualité d'exercice que vous faites détermineront si vous perdez, gagnez, ou maintenez votre poids. Selon les objectifs que vous choisissez, cela peut effectivement rendre votre vie plus saine. Assurez-vous de suivre un plan nutritionnel qui est bon pour vous et votre style de vie. Reportez-vous au chapitre 1 pour plus d'informations sur ce que vous devriez manger et en quelle quantité. Attention! N'allez pas à l'extrême. Certaines personnes tombent malades en allant sur les régimes extrêmes qui peuvent finir par créer plus de mal que de bien. Ci-dessous sont quelques exemples des extrêmes vous devez éviter:

EXEMPLE 1

Manger des sucres et des graisses simples, et NON pas la consommation d'aliments ayant une valeur nutritionnelle, réduira votre résultat potentiel de rendement et fera baisser votre qualité de santé dans les années à venir. Une alimentation équilibrée est nécessaire pour rester en forme. Même si ce n'est pas considéré comme un régime alimentaire extrême, il est toujours recommandé que vous restiez loin des aliments préemballés et en conserve, ainsi que des aliments à haute teneur en matières grasses qui ne proviennent pas de sources naturelles. Les sources naturelles de graisse seraient l'avocat, les noix, l'huile d'olive, etc... et ceux-ci sont bons pour vous, mais dans les bonnes proportions.

EXEMPLE 2

Si vous êtes un athlète qui fait beaucoup d'exercices cardio et ne consommez pas de glucides tels que le pain, le riz et les pâtes, cela peut sérieusement affecter votre performance ainsi que votre bien-être. Supprimer entièrement les glucides de votre alimentation n'est pas une sage décision. Si c'est le cas, vous devriez consommer une certaine forme d'hydrates de carbone au cours de la journée pour maintenir les réserves d'énergie correctes dont votre corps a besoin. Vous pouvez toujours contrôler votre poids, mais vous devez consommer au moins un minimum d'éléments nutritifs à partir d'une variété de groupes d'aliments et cela comprend des hydrates de carbone.

EXEMPLE 3

Manger beaucoup et ne pas faire d'exercices. Le but de ce livre est de prévenir cela. Ce livre va certainement vous aider à vous maintenir en forme et améliorer la forme de votre corps de la manière que vous avez toujours souhaité comme un haltérophile. Faites-en une priorité pour équilibrer votre vie nutritionnelle avec un entraînement cardio quotidien.

EXEMPLE 4

Ne pas dormir suffisamment peut gravement affecter votre état mental et physique lors de l'entraînement et de la compétition. Dormir vous permet de récupérer et d'être plus performant dans tous les aspects de votre vie. Il faut prendre les mesures nécessaires pour contrôler la quantité et la qualité de votre sommeil.

CHAPITRE 4

Meilleure Performance Par Les Antioxydants

Changez votre style de vie nutritionnel maintenant pour obtenir des résultats à long terme et un temps plus rapide de récupération

Un certain nombre d'éléments dans notre corps tels que la lumière du soleil et de la pollution produisent une oxidation qui mène à la production de composés chimiques dangereux appelés les radicaux libres. Les radicaux libres peuvent conduire à de graves endommagements cellulaires, ce qui est la voie commune pour le cancer, le vieillissement, et une variété d'autres maladies. Les radicaux libres sont très réactifs et constituent une menace majeure par réaction avec les membranes cellulaires dans des réactions en chaîne conduisant à la mort des cellules. Les antioxydants sont des molécules qui peuvent aider à détruire les radicaux libres afin que le corps puisse être libéré contre les dangers liés aux radicaux libres. De plus, les athlètes doivent avoir un vif intérêt pour les antioxidants en raison de problèmes de santé et la perspective de la performance et / ou la récupération assistée après l'exercice. Le mode de fonctionnement des antioxydants fait qu'ils peuvent réagir avec les radicaux libres et arrêter la réaction en chaîne menant à la mort des cellules d'ADN et ainsi les sauver.

Les principales sources d'antioxydants sont :

1. Vitamine E: C'est un antioxydant et aide à protéger les cellules contre les ravages. Il est également important pour la santé des cellules rouges du sang. La vitamine E se trouve dans de nombreux aliments comme les huiles végétales, les noix et les légumes verts à feuilles. Les avocats, les germes de blé et les grains entiers sont également de bonnes sources de cette vitamine.

2. Bêta-carotène : Il s'agit d'un précurseur de la vitamine A (rétinol) et est présent dans le foie, le jaune d'oeuf, le lait, le beurre, les épinards, les carottes, les tomates et les grains.

3. Vitamine C: Elle est nécessaire pour former le collagène, un tissu qui aide à tenir ensemble les cellules. Elle est essentielle pour la santé des os, des dents, des gencives et des vaisseaux sanguins. Elle aide le corps à absorber le fer et le calcium, aide à la cicatrisation des plaies, et contribue au bon fonctionnement du cerveau. Vous trouverez des niveaux élevés de vitamine C dans les fruits rouges, les kiwis, les poivrons rouges et verts, les tomates, le brocoli, les épinards et les jus à base de goyave, pamplemousse et orange.

4. Sélénium: Il s'agit d'un oligo-élément et c'est également un antioxydant important.

Quelques Antioxydants populaires sont mentionnés ci-dessous:

Le renforcement de votre système immunitaire vous aidera à absorber des antioxydants et à vous protéger contre les radicaux libres, et ceci peut être realisé grace a l'exercice.

C'est pourquoi une combinaison d'entraînement cardio et d'altérophilie en combinaison avec des antioxydants ajoutés dans votre alimentation vous permettra d'améliorer vos performances et de moins vous sentir en manque d'énergie durant les jours de maladie. En consommant plus d'antioxydants votre phase de récupération sera plus rapide, ce qui vous permettra de récupérer et de guérir plus tôt que la normale.

Projeter la bonne image à travers une meilleure posture pour gagner plus

Des études ont montré que les athlètes qui donnent une solide image positive sont sujets à être plus efficaces et à avoir un système immunitaire plus fort. Avoir un système immunitaire fort vous gardera sain et sujet à moins d'incidents, ce qui équivaut à avoir la perspective de gagner plus souvent, tout simplement parce que vous pouvez rivaliser plus souvent.

Un changement définitif depuis l'époque des cavernes et jusqu'aux temps présents est notre posture. Pour une raison quelconque, beaucoup d'athlètes se considèrent comme étant de retour à l'époque des cavernes. Peut-être que certains athlètes ont cette posture voûtée parce qu'ils ne travaillent pas sur la flexibilité et sur les exercices du renforcement du dos ou peut-être en raison du manque de confiance. Quelle qu'en soit la raison, la posture des athlètes en dit long sur ce qu'ils ressentent et ce qu'ils projettent comme image spécialement à leur concurrents. Montrer un manque de confiance face à la concurrence ne fera que les motiver à mieux jouer.

Pour réussir mieux en tant qu'athlète commencez par montrer plus de confiance grâce à une meilleure posture, même lorsque vous n'êtes pas en compétition.

La plupart d'entre nous oublient que lorsque nous vieillissons nos dos se recroquevillent encore plus et il devient plus difficile de rester droit. Je préfère oeuvrer maintenant pour avoir une meilleure posture plus tôt que tard parce que plus tard pourrait ne jamais venir. J'ai oublié de mentionner que ne pas se tenir droit lorsqu'on est debout vous fait paraître plus gros. Donc, si vous voulez commencer par sembler plus mince, commencez par vous tenir droit !

Pour cela et pour bien d'autres raisons, il est essentiel de se concentrer sur votre posture.

Cela a souvent été négligé par beaucoup, mais peut vous aider à projeter une meilleure image plus rapidement que vous ne pourriez l'imaginer. Saviez-vous que de marcher dans une position abattue rend effectivement vos muscles de l'estomac paresseux et provoque ainsi l'abattement de la forme des muscles abdominaux ? Ce n'est pas une bonne habitude à prendre. En marchant tout droit, vous travaillez réellement vos abdos.

La Posture est une question d'habitude

Vous devez vous concentrer sur le maintien d'une posture droite tout le temps. Concentrez-vous sur le maintien d'une bonne posture lorsque vous marchez et quand vous vous asseyez et quand vous vous tenez debout.

La posture est également très importante quand vous mangez, car cela aide les aliments à passer à travers votre système digestif plus facilement que si vous étiez affalé. Mieux mâcher vos aliments peut contribuer à la réduction ou, mieux encore, à la prévention de l'indigestion ou des problèmes liés aux reflux acides.

En outre, considérez que, peu importe combien vous travaillez dur et la qualité du corps que vous pouvez avoir, si vous êtes flasque, vous allez ruiner votre image (envers vous-même et l'image que vous projetez aux autres) et tous ces efforts passeront presqu'inaperçus. Pour cette raison précise, je tiens à vous rappeler combien il est vital de se concentrer, travailler et prendre l'habitude de se tenir debout, assis et en marchant avec une posture droite.

Les points clés pour avoir une meilleure posture sont:

1. Vos épaules doivent être détendues et en dessous de la hauteur de votre cou.

2. Votre poitrine doit être dehors et les épaules en arrière.

3. Votre tête doit être perpendiculaire au sol. (Imaginez une ligne droite tracée à partir de votre menton jusqu'au sol.)

4. Vos yeux doivent être axés sur l'horizon et non PAS sur le terrain

Voici des exemples de différentes postures qui vous aideront à faire le point.

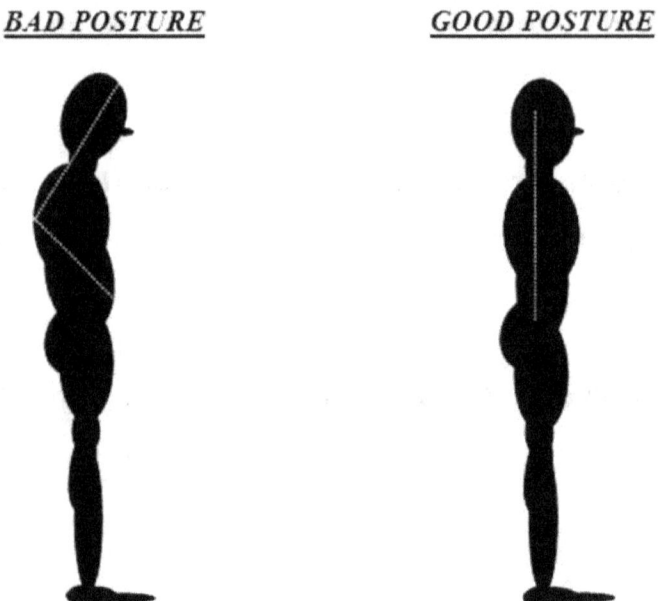

Le premier dessin (BAD POSTURE) montre comment le fait de garder votre tête vers le bas favorise réellement le côté penché et mou d'une posture négative.

Le second schéma (GOOD POSTURE) montre une posture debout bien droite et devrait être celle à laquelle vous devez ressembler quand vous êtes debout de manière satisfaisante.

BAD POSTURE   **GOOD POSTURE**

 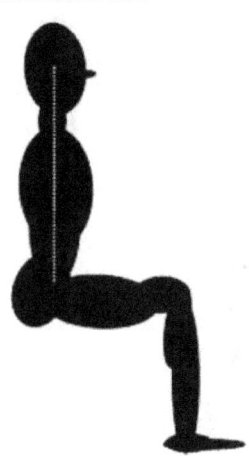

Le premier dessin (BAD POSTURE) montre un exemple de la manière incorrecte de s'asseoir comme vous pouvez le voir dans la position inclinée et la région abdominale pliée vers l'avant.

Le deuxième dessin (GOOD POSTURE) montre une posture parfaitement droite tout en faisant face vers l'avant et la région abdominale nichée.

BAD POSTURE **_GOOD POSTURE_**

 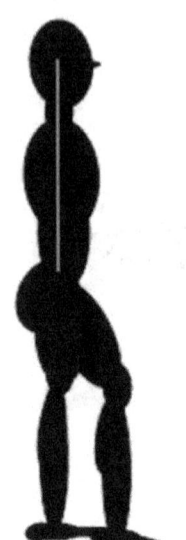

Le premier dessin (BAD POSTURE) montre une posture de marche incorrecte avec dos penchant tout en faisant face vers le bas.

Le second dessin (GOOD POSTURE) montre la position de marche correcte, que vous devez adopter, avec un dos droit et vers l'avant. Notez que la région abdominale n'est pas courbée vers l'extérieur tel qu'elle l'est dans le premier dessin.

CHAPITRE 5

Vous Êtes Ce Que Vous Mangez

Engagez-vous à améliorer votre esprit et votre corps.

Cela vous semble étrange ? "Vous êtes ce que vous mangez". C'est une déclaration simple, avec beaucoup de sens. Ce que vous faites pendant la journée ou pour un temps determine quels types d'activités vous faites physiquement et mentalement. Vous devenez une personne plus active ou sédentaire selon la façon dont vous dépensez votre temps et ce que vous mangez. Ceci détermine, à la fin, qui vous êtes réellement.

Changez vos habitudes

Changez vos habitudes en changeant votre mode de vie alimentaire, mentale et physique. <u>Cela signifie être capable de faire les mêmes choses que vous faites déjà, mais en remplaçant désormais certains aliments avec des aliments organiques et plus sains.</u> Au fur et à mesure que le temps passe, vous vous sentirez plus fort, plus souple et plein d'énergie, grâce aux nutriments dont vous nourrissez votre corps. Comment allez-vous arreter de manger de la malbouffe et passer à une alimentation saine ? Ceci est essentiellement obtenu grâce à la discipline et la cohérence. Utilisez l'horaire quotidien alimentaire figurant dans les premiers chapitres de ce livre comme guide pour y parvenir. Avec le temps, <u>vous parviendrez à faire une habitude de vous nourrir de facon correcte tous les jours et cela devrait être un de vos principaux objectifs.</u>

Tirer le meilleur parti de votre situation particulière

Ne jamais se sentir mal dans sa peau. Il y a toujours une situation pire que la vôtre. Si vous souffrez d'un mal de dos et que cela vous fait mal quand vous marchez, dites-vous qu'il y a des personnes qui ne peuvent pas du tout marcher, donc sachez être reconnaissant. Si vous avez des problèmes de genou, au lieu de vous plaindre, soyez heureux d'avoir vos jambes. Ces exemples sont un peu drastiques, mais tombent à point.

Si vous voulez vous lancer, vous devez vous assurer que vous n'aurez pas d'excuses afin que vous ne vous arrêtiez pas pour n'importe quelle excuse. Si vous avez mal au dos, alors nagez. Si vos genoux vous font mal, renforcez-vous en travaillant sur le haut du corps. Si vous avez mal à l'épaule, travaillez sur vos abdominaux et vos jambes. Apprenez à improviser.

Climat différent

Si vous vivez dans un endroit où le temps est terrible, vous n'avez pas vraiment besoin de trop vous inquiéter, car la plupart de ces exercices peuvent être effectués à l'intérieur aussi bien qu'à l'extérieur. S'il fait chaud dehors alors profitez des exercices en piscine. S'il fait froid dehors faites les exercices d'intérieur. Il suffit de ne pas rester immobile et inerte.

Si vous pensez que d'avoir un meilleur plan ou régime alimentaire est coûteux.

Si c'est votre cas, essayez de trouver des alternatives aux aliments décrits dans ce livre. Au lieu d'aller à un grand supermarché, essayez d'aller à un magasin d'alimentation discount ou un magasin d'alimentation qui vend en vrac ou en grosses quantités à des prix plus bas.

Si vous sentez que vous allez vous engager dans ce regime, vous devriez avoir ce dont vous aurez besoin pour les mois à venir. Vous pourriez aussi bien acheter en vrac si cela fonctionne à votre avantage pour un coût raisonnable. Une autre façon d'économiser est de trouver un partenaire d'entraînement pour travailler avec vous et qui pourrait partager les coûts de la nourriture, si cela devient nécessaire. Ne laissez jamais la question d'argent devenir une cause pour ne pas être en meilleure forme ou être en bonne santé !

Rappelez-vous de bien vous conformer et de persister dans ce régime et ce plan nutritionnel

Un moyen facile de vous rappeler que vous devez vous conformer et tenir bon avec ce plan nutritionnel est de garder ce livre à portée de main. De cette façon, vous avez les exercices à portée de main à tout moment. Une autre excellente façon de vous rappeler que vous devez manger et faire vos exercices au bon moment est de porter une montre avec une alarme pour vous rappeler toutes les heures ou toutes les trois heures que vous devez prendre soin de vous-même. Si vous êtes fatigué de votre montre, j'ai une autre excellente façon pour vous rappeler. Essayez de placer vos chaussures ou vos vêtements de sport sur le plancher à côté de votre lit ou à la porte. Chaque fois que vous vous réveillez ou vous vous dirigez en direction de la porte, vous verrez vos chaussures et vous vous souviendrez de ce que vous devez faire. Si vous avez laissé vos chaussures et vêtements à la porte, vous savez que vous ne devriez pas quitter la pièce jusqu'à ce que vous ayez terminé votre séance. Vous devez vous préparer pour réussir et c'est ainsi que vous devez le faire.

Aidez-vous en faisant ces petites choses qui font une grande différence chaque jour.

Rappelez-vous de résister aux distractions

Allez au réfrigérateur et jetez tous les aliments que vous ne devriez pas consommer. Nettoyez l'ensemble du réfrigérateur si nécessaire. Organisez les étagères afin que vous sachiez ce que vous êtes censé manger pour le petit déjeuner, le déjeuner et le dîner. Rendez vous la chose facile pour etre surs de ne manger que ce que vous devez manger. Conservez uniquement des aliments frais qui ne vous rendront pas malade. Beaucoup de gens ont des réfrigérateurs remplis de nourriture qu'ils ont stockée pendant plusieurs mois et n'ont pas pris le temps de jeter de la nourriture périmée. Dans le réfrigérateur, conservez les fruits et légumes dans des sacs Ziploc ® et dans les compartiments inférieurs pour vous assurer qu'ils resteront frais aussi longtemps que possible. <u>Placez votre régime alimentaire à l'extérieur du réfrigérateur, dans votre chambre et dans votre bureau pour vous concentrer.</u>

Ne laissez pas les autres vous faire échouer

Vous devez devenir votre meilleur fan, encouragez et poussez dur chaque jour pour vous conformer au plan de l'alimentation et de l'exercice. Si vous avez d'autres qui vous disent que vous ne durerez pas a ce regime, ou que vous ne serez pas en mesure de continuer à faire votre routine d'entraînement, restez loin de ces gens. Si vous ne pouvez pas vous eloigner de ces gens, apprenez à séparer l'incoherence dans ce qu'ils disent de ce qui est réellement utile pour vous. Vous avez des publicités à la radio et à la télévision ainsi que des spectacles et des bruits parasites. Vous concentrez-vous sur les bruits parasites ou sur la musique ou les publicités? La même chose peut se faire dans la vie. Vous aurez toujours quelqu'un qui fait un commentaire juste pour imposer son idée ou sa négativité. Ne discutez pas; Trouvez plutôt des gens qui veulent accomplir les mêmes choses que vous essayez d'accomplir vous-même, les objectifs que vous vous êtes fixés. Recherchez les personnes qui peuvent vous aider à rester concentré et qui veulent vraiment vous voir reussir. Entourez-vous de gens positifs, encourageants et motivés.

Même si d'autres tentent de vous faire tomber, montrez-leur que vous pouvez réaliser vos objectifs et ce sera en respectant ce régime et ces exercices. Prouvez à vos enfants que vous pouvez faire ce que votre esprit a décidé, aussi difficile que cela puisse paraître.

Quand vous sentez que vous manquez de motivation, je veux que vous lisiez ceci pour vous-même:

- Je ferai mon travail complétement aujourd'hui.

- Je vais m'en tenir à mon régime alimentaire et ne m'en écarterai pas.

- Je suis la seule personne qui peut décider si je réussis ou pas.

- Il est de ma responsabilité de donner suite à mes exercices et à mon régime.

- Je peux le faire, donc je vais le faire.

- Je suis le résultat de mes actions.

- Je crois en moi et en mon potentiel.

En lisant ceci à vous-même, vous vous sentirez beaucoup mieux et cela apparaîtra dans vos actions !

Écrivez 10 raisons pour lesquelles vous croyez que vous allez réussir à réussir ce régime et ces exercices de routine:

1.

2.

3.

4.

5.

6.

7.

8.

9.

10.

Lorsque vous êtes dans un mauvais jour lisez ce que vous venez d'écrire ci-dessus. Pensez à ce qui se passait dans votre esprit quand vous avez écrit ces 10 raisons, et ce que vous devriez etre en train de penser maintenant. Tout le monde a de bonnes et de mauvaises journées. L'essentiel est de passer les mauvais jours de la meilleure façon possible afin que les bons jours soient beaucoup meilleurs. Rappelez-vous, les résultats que vous avez aujourd'hui seront le produit de l'effort des jours précédents.

Écrivez 5 changements physiques que vous voulez voir dans votre corps une fois ce régime et ces exercices de routine terminés :

1.

2.

3.

4.

5.

Écrivez 5 changements mentaux ou émotionnels que vous voulez atteindre lors de l'achèvement de ce régime et exercices de routine: (ex. je veux être plus positif, je veux me sentir plus heureux de moi-même et de mon apparence, je veux avoir moins de stress dans ma vie, je veux sentir que j'ai plus d'énergie chaque jour, etc...)

1.

2.

3.

4.

5.

Notez 10 objectifs généraux que vous avez pour vous-même en ce qui concerne l'exercice, la nutrition, et votre vie en général. La réalisation de ce plan de régime alimentaire et les exercices physiques devraient être une partie de vos objectifs généraux :

1.

2.

3.

4.

5.

6.

7.

8.

9.

10.

CHAPITRE 6

Le Secret Pour Avoir Les Meilleurs Abdos Que Jamais

Ayez L'allure Que Vous Voulez

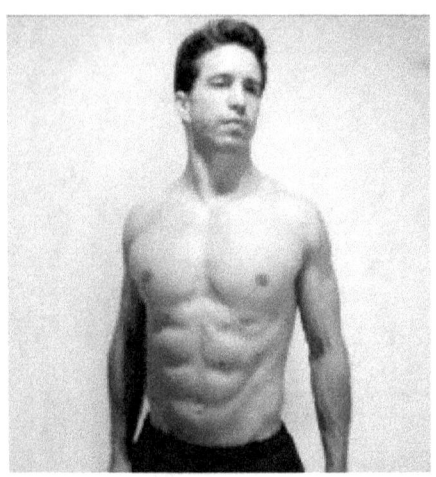

Le secret pour avoir le meilleur abdos que jamais est la variété. Vous devez comprendre que vos muscles abdominaux sont organisés dans différents quadrants qui exigent différents types d'exercices pour en obtenir le maximum de résultats. Votre système central est essentiel quel que soit votre sport et donc vous devez prendre le temps de travailler souvent.

Votre <u>région abdominale supérieure</u> est la plus facile à définir au début parce qu'elle se façonne en faisant plusieurs exercices abdominaux.

La <u>zone latérale des abdos</u> (oblique), est essentiellement la région autour de votre taille et cela vous aide a façonner tous les autres domaines abdominaux lorsque vous la travaillez assidument.

La <u>section du milieu</u> est une zone située entre la région abdominale supérieure et le bas de votre abdomen et elle a une fière allure une fois qu'elle est définie et serrée. C'est la region centrale de votre région abdominale.

La section la plus difficile à former est votre <u>région abdominale inférieure</u>. Ceci exige des exercices intensifs des jambes tels que: la marche, la course, la natation, le roller, le ski, le saut, etc...

Les séances d'entraînement de type aérobic font une différence sur vos abdominaux et votre corps en général. Vos muscles du bas du dos sont un élément important dans toutes les séances d'entraînement. Pourquoi Donc? Fondamentalement, lorsque vous travaillez uniquement sur votre section abdominale, les muscles ont tendance à vous tirer vers l'avant et vous incliner vers le bas en courbant le dos. En travaillant sur le bas du dos vous équilibrez la traction musculaire créée par vos abdominaux lorsque vous les avez travaillés, aidant ainsi votre corps à obtenir la bonne posture (qui doit être droite!). Cela permet ensuite à vos abdos de se former parce qu'a present ils vont être bien droits et ne pas rester courbés vers le bas

Respirer pendant que vous faites vos exercices abdominaux est un facteur important dans l'obtention de résultats rapides.

Travailler sur votre respiration vous permet de travailler sur la plupart de vos muscles abdominaux. Cela peut vous aider à obtenir des abdos plus stricts et plus toniques avec le temps. Essayez de respirer quand vous serrez vos abdominaux durant chaque répétition abdominale que vous faites.

Chaque répétition abdominale que vous faites tout en expirant comptera pour trois ou quatre abdos faits sans respirer, ce qui équivaut à avoir fait moins d'abdos en obtenant toujours les mêmes résultats. Votre corps va certainement vous remercier d'être plus efficace.

Je crois fermement en la formation croisée qui se fait avec d'autres sports ou activités pour vous aider à améliorer votre sport principal. C'est pourquoi je suggère la formation croisée avec d'autres sports que vous aimez mais qui ne vous font pas de mal. La natation est essentielle en raison de la quantité de muscles abdominaux qui sont étirés et tirés pendant le bain.

Les gens qui ont eu des blessures au genou ou douleurs dans les jambes ou d'autres problèmes connexes peuvent passer plus de temps dans la piscine et obtenir les mêmes résultats ou même de meilleurs résultats que sans l'avoir fait.

Combinant exercices abdominaux supérieurs avec des séances d'entraînement abdominaux inférieurs vous aidera à obtenir des abdominaux bien définis, mais vous devez toujours vous assurer que vous prenez soin de vos abdominaux latéraux et le bas du dos. Travailler trop sur vos abdos et pas assez sur le dos provoque un déséquilibre dans le montant de la traction qu'ils créent, ce qui peut vous rendre flasque quand vous êtes assis ou debout alors assurez-vous de vous entraîner suffisamment avec des exercices pour le dos.

En combinant des exercices qui utilisent l'ensemble de vos muscles abdominaux, vous allez créer une section de base solide, mais n'oubliez pas que les bons exercices cardio vous aideront à perdre la graisse du corps plus rapidement. Faire de l'exercice cardio intense et combiner des exercices abdominaux apporteront des résultats plus rapides.

Les étirements sont un excellent moyen de prévenir les douleurs et vous aident à sculpter votre corps. Façonner votre corps, de la façon que vous voulez qu'il paraisse, nécessite de faire une certaine forme d'étirement, de plus, vous ne semblerez plus et ne vous sentirez plus raide. J'ai trouvé que les étirements avant et après l'entraînement aident à prévenir la douleur, spécialement après une séance d'entraînement, donc prenez le temps de vous étirer.

Les exercices d'étirement que j'ai décrits dans le dernier chapitre sont très bons pour votre corps. Vous devriez les essayer à votre propre rythme et passer progressivement à des niveaux de flexibilité accrue.

N'oubliez pas de prendre un jour par semaine de repos pour permettre à vos muscles de récupérer. Si vous sentez que vous avez besoin de prendre un jour sur deux de repos, cela va tout aussi bien, car il s'agit d'une amélioration progressive, faites-le. Un pas en avant chaque jour est la clé pour obtenir des résultats. Un pas en avant vaut mieux que trois pas en avant, puis se faire mal et devoir prendre quatre mesures de retour avec rien à montrer.

Ce n'est pas une course, donc assurez-vous de compléter la séance d'entraînement à votre propre rythme pas à pas, et non pas au rythme de quelqu'un d'autre.

La meilleure façon de former les muscles abdominaux est de faire des circuits. Le training de la formation de circuits abdominaux signifie faire différents exercices abdominaux, puis répéter ces ensembles les uns à la suite des autres. Une représentation visuelle sera fournie dans les pages suivantes. En changeant constamment chaque exercice abdominal vous permettez aux différents muscles abdominaux de se reposer pendant que vous travaillez sur un autre groupe de muscles.

Mes exercices abdominaux favoris

1. Ciseaux abdominaux.

2. Talons haut et les mains derrière votre tête et puis les faire monter.

3. Vers le Haut, Haut, Haut, puis les hanches vers le haut et redescendre.

4. Vers le Côté, côté, côté et centrer sur toute la hauteur.

5. Embranchements secondaires avec le genou et le coude.

6. Lignes arrière vers le bas.

7. Bras et jambes tendus, puis les réunir vers le haut.

Faites 15 répétitions de chaque exercice et répéter l'ensemble des routines 3 fois. Quand vous vous sentirez plus à l'aise avec l'essai de routine, essayez d'augmenter les répétitions a 20 ou plus, et augmentez le nombre de fois quand vous aurez terminé la routine à 5.

Assurez-vous d'étirer vos muscles abdominaux et le dos avec ces trois tronçons à la fin de la routine entière:

1. Etirement Abdominal

2. Etirement vers l'arrière

3. Etirement de côté

Une fois que vous avez terminé l'étirement gardez une posture droite pendant la journée pour habituer vos muscles abdominaux à maintenir la forme appropriée. Beaucoup de gens travaillent leurs muscles du tronc, puis s'affalent, ce qui devient contre-productif. Ne faites pas cette erreur. Maintenez une bonne posture et vous verrez des résultats plus rapides !

1. Coups de ciseaux abdominaux

2. Talons haut et les mains derrière la tête et puis les faire remonter

3. Vers le haut, vers le haut puis les hanches vers le haut, puis vers le bas

4. Vers le côté, vers le côté, puis vers le centre sur toute la hauteur

5. Vers le côté latéralement avec le genou et le coude vers le haut

6. Lignes arrières face vers le sol

7. Bras et jambes tendus puis les réunir face vers le haut

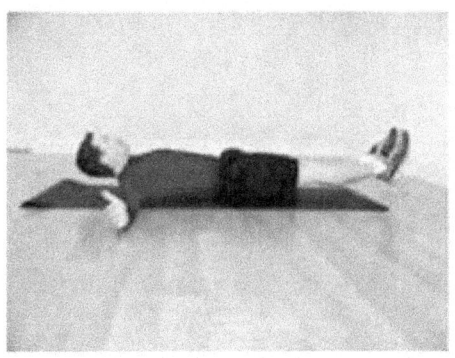

Etirements pour terminer les exercices de routine :

1. Etirements abdominal

2.   Etirement du dos

3. Etirement de côté

www.ingramcontent.com/pod-product-compliance
Lightning Source LLC
Chambersburg PA
CBHW070147080526
44586CB00015B/1876